心一堂術數古籍珍本叢刊

書名：蔣大鴻嫡傳水龍經注解 附 虛白廬藏珍本水龍經四種（十）

系列：心一堂術數古籍珍本叢刊 第二輯 堪輿類 蔣徒張仲馨三元真傳系列 196

作者：【清】蔣大鴻編訂 【清】楊臥雲、汪云吾、劉樂山註

主編、責任編輯：陳劍聰

心一堂術數古籍珍本叢刊編校小組：陳劍聰 素聞 梁松盛 鄒偉才 虛白盧主

出版：心一堂有限公司

通訊地址：香港九龍旺角西洋菜南街五號好望角大廈一〇〇三室

電話號碼：+852-6715-0840 +852-6633-7949

網址：publish.sunyata.cc

電郵：sunyatabook@gmail.com

網上書店：http://book.sunyata.cc

網上論壇：http://bbs.sunyata.cc/

版次：二零一七年七月初版

平裝：十冊不分售

定價：港幣 二千八百元正
新台幣 一萬零八百元正

國際書號：ISBN 978-988-8317-46-2

版權所有 翻印必究

香港發行：香港聯合書刊物流有限公司

地址：香港新界大埔汀麗路三十六號中華商務印刷大廈三樓

電話號碼：+852-2150-2100

傳真號碼：+852-2407-3062

電郵：info@suplogistics.com.hk

台灣發行：秀威資訊科技股份有限公司

地址：台灣台北市內湖區瑞光路七十六巷六十五號一樓

電話號碼：+886-2-2796-3638

傳真號碼：+886-2-2796-1377

網絡書店：www.bodbooks.com.tw

台灣讀者服務中心：國家書店

地址：台灣台北市中山區松江路二〇九號一樓

電話號碼：+886-2-2518-0207

傳真號碼：+886-2-2518-0778

網絡書店：http://www.govbooks.com.tw/

中國大陸發行・零售：心一堂書店

深圳地址：中國深圳羅湖立新路六號東門博雅負一層零零八號

電話號碼：+86-0755-8222-4934

北京地址：中國北京東城區雍和宮大街四十號

心一店淘寶網：http://sunyatacc.taobao.com

此卷水龍天星垣局乃伏龍山人董遇元述景純氏之言而作
者也董君不知何代人其圖三十六穴上應天星而每局括以
四言十六字中有駙馬儀賓京堂等語乃本朝物色其為近代
之人所撰有明徵矣而品列星占隱奧不猥苟非博綜象緯窮
探甘石之學者豈能望其涯涘雖不出於景純氏抑亦景純氏
之流亞歟至於撰句選辭典博適麗卓乎大雅之為予考楊公
以還地理之家鮮能文之士惟元頼布衣蓋以奇才而生蒙古
之運佯狂詩酒晦跡其中每有詠歌天才爛發見於會稽諸鈴

可徵也○予向以為賴公之才○此中無與比者○不意又得此卷形，
家者流○何其多才歟○至其所論天星○但取水形相似○連類以求
益非無本古語不云乎○在天成象在地成形○地有斯形實與天
象遙相應合○豈傳會哉○以此明天星垣局與世人所傳二十四
方道各分星躔者奚啻霄壤○蓋地有定位○天無定位雖有○十二○
次舍不可謂即地之二十四干支也○故天星之說古今所尚而
予獨以為無徵考之已往幾見翰林學士○定出巽辛萬里封侯
必主庚震即歷代帝王發迹之地亦未嘗盡屬三垣來龍也故知
方位之合天星不若形象之有據與予之存此書蓋將尊其名

廣其義以顯水龍作用之大使學者知所崇重以匹乎山龍不
分軒輊耳三垣九野列宿甚多〇而名川三百枝川三千水之為
數亦不可紀極即如山龍亦安能一一舉天星而比擬之哉必
執天星以論水局必取合天星之水局〇而後知尊且貴則又拘
墟之見而非得天機妙用者也此卷雖存學者毋以文害志可
也〇

大鴻氏筆記

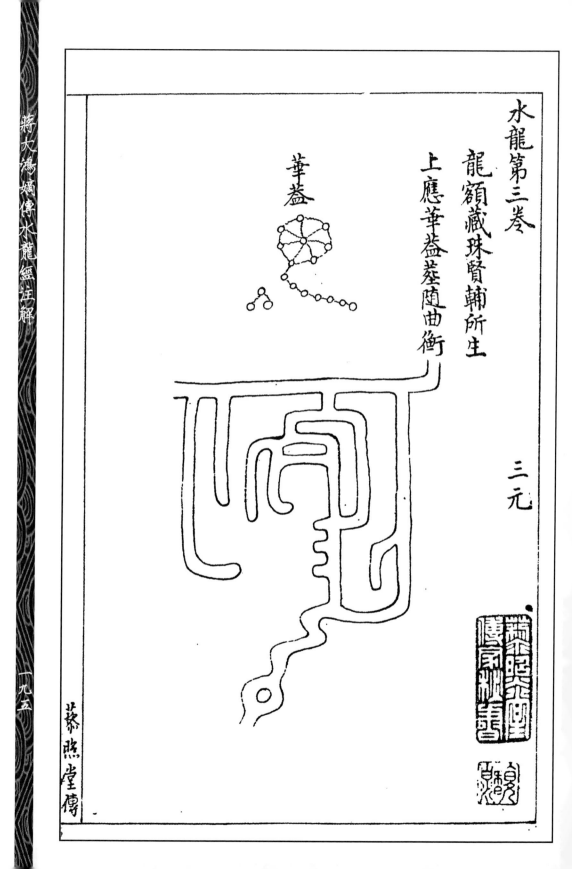

龍額藏珠賢輔所生

上應華蓋葬隨曲衡

華蓋

三元

河漢交度東西二籓

真穴葬下近侍官班

三元

東西籓

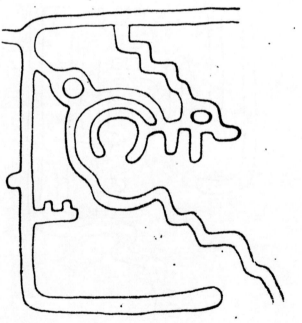

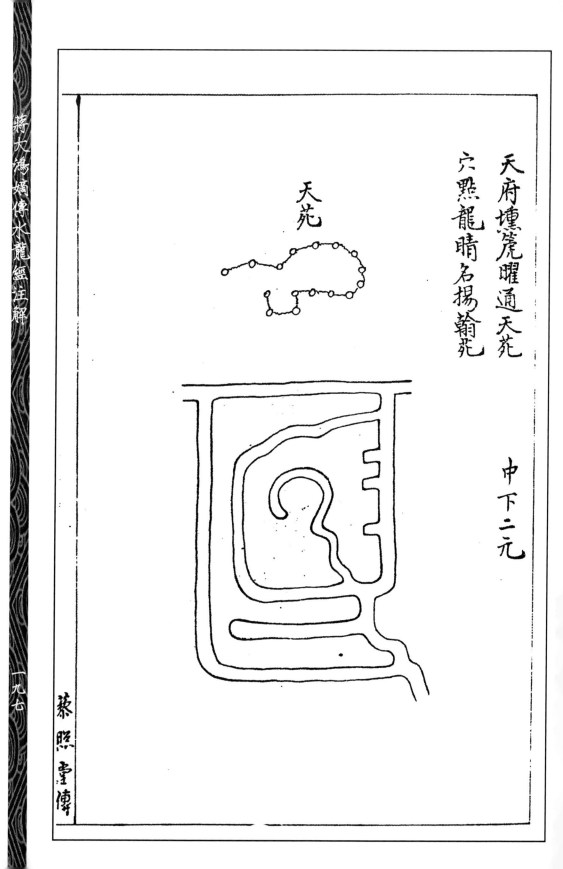

天府壎箎曜通天苑
穴照龍睛名揚翰苑

天苑

中下二元

虹飛飲海天將氣揚
帷幄內穴威振邊疆　三元

天將

心一堂術數古籍珍本叢刊　堪輿類　蔣徒張仲馨三元真傳系列　一九八

蟠龍飲乳軫宿所處

內穴京堂旁為驃騎

三元

軫宿

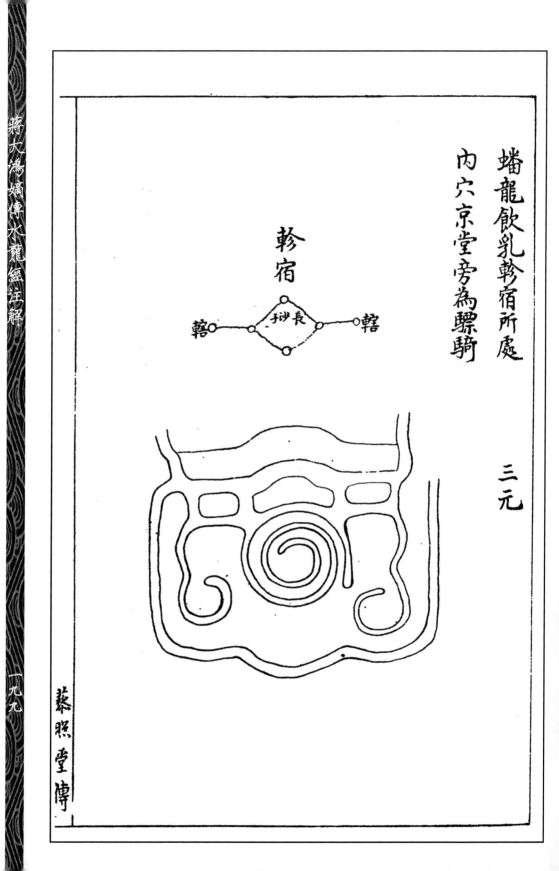

轄　長沙　轄

錦屏掛鏡上輝天錢

穴藏中宿主嬪貴賢

中元

天錢

守秘本

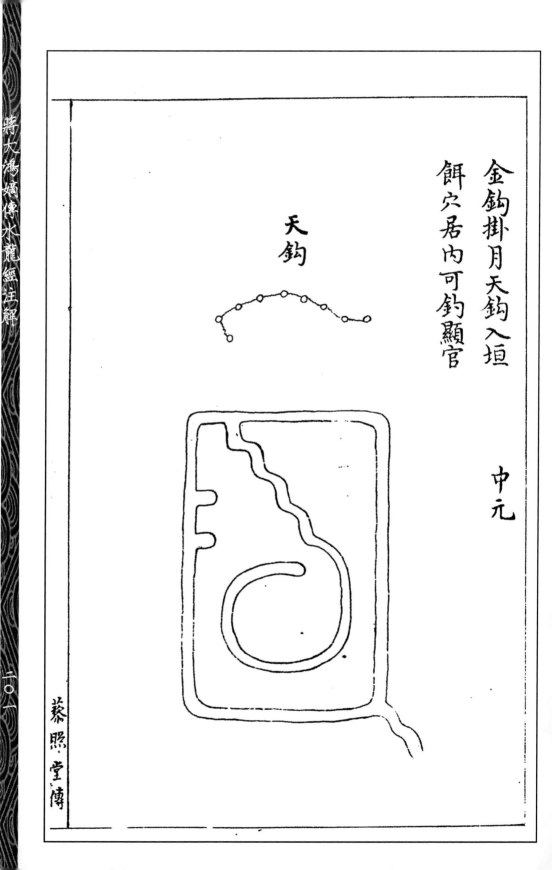

金鈎掛月天鈎入垣　中元

餌穴居內可鈎顯官

天鈎

天衢獻印漸臺承應　中元

穴候中轂貴雄百乘

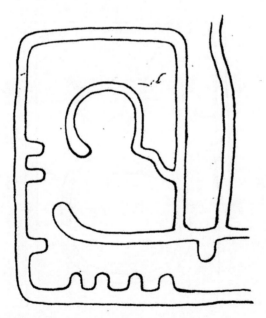

織女

漸臺

輦道

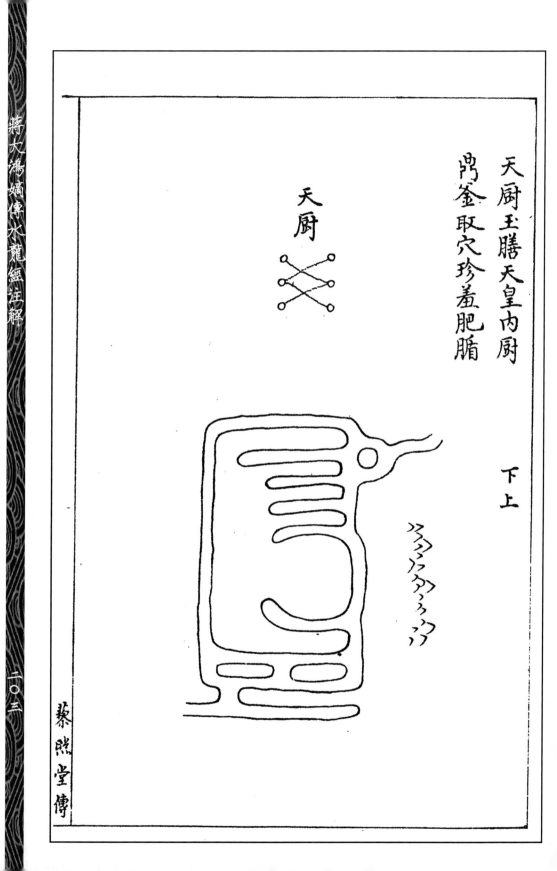

天厨玉膳天皇内厨
鬲釜取穴珍羞肥脂

下　上

天厨

藜照堂傳

龜浮蓮影天龜臨照

穴應蓮心者福之兆

三元

天龜

湖

瓊屏玉架上應五車

牙籤夾穴翰史榮華

下元

五車

柱　咸池　柱

柱　天潰

玉階五級翼宿所居

穴乘羽翰飛步天衢　下元

翼宿

瓊莛結綵八魁聚靈

隱褥取穴錦繡聯英　中元

八魁

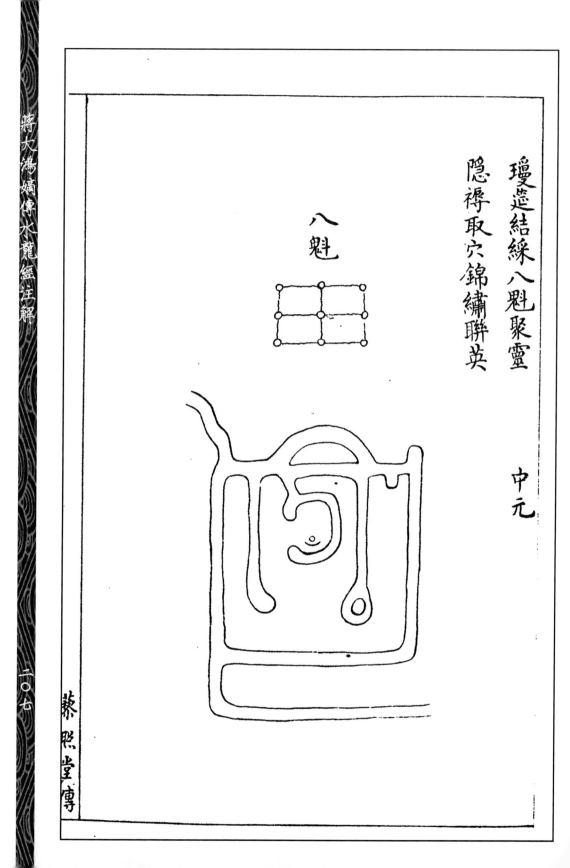

金瑣瓊闉斗宿所藏

穴轉曲阿金資萬箱

中元

斗宿

家秘本

玉堂文幕器府璘璘

福穴居內笙歌滿逕

三元

器府

虬龍蟄首女床星列

穴臥唇簷肥迢賢哲

女林

三元

湖

湖

芳城秀衍上配天田

葬居中央阡陌連綿

下元

天田

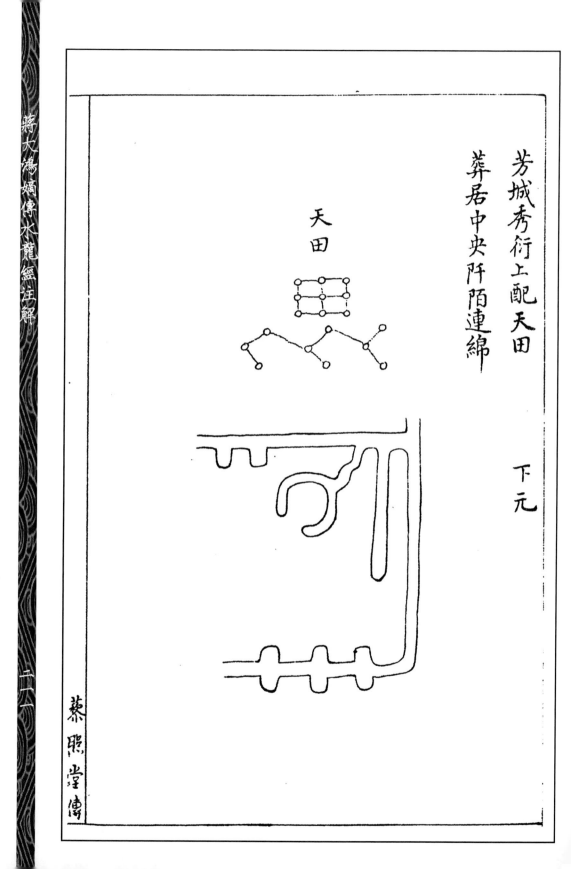

玉練纏天上應文昌

穴居剪裁補袞之職

文昌

三師

上台
中台
下台

三元

家秘本

金闕牙班庫樓森張
玉案作穴列爵鵷行

三元

穴點爹肩負承楊名

爹横九畹天厩曜明

天厩

上元

陽河瀦祿上應斗斛

穴鍾日精冢宰之福　中元

斗

斛

藜照堂傳

陽隰縄輝即位壹壹

恭差黙穴簪纓幾里

即位

下元

神龜拾蛤六甲奮光
穴居豐頸燦理陰陽

三元

六甲

湖

黎照堂傳

駛驪掉尾左映旐星

塋係其纓陣上揚名

左旐

魁紙

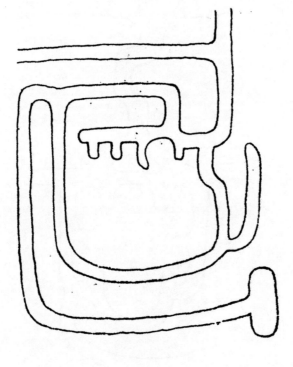

心一堂術數古籍珍本叢刊　堪輿類　蔣徒張仲馨三元真傳系列　二一八

日月分精天廟顯星

塋陽御陰男女雙英

三元中元尤妙

天廟

雙虯聚英左右執法

穴齊端門發蘇顯達

太微垣二藩

右執法

左執法

此一道單纏龍腹穴也只取其不滲

漏耳然形局不端非全美之格也

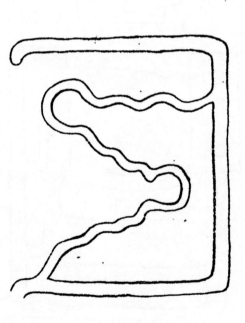

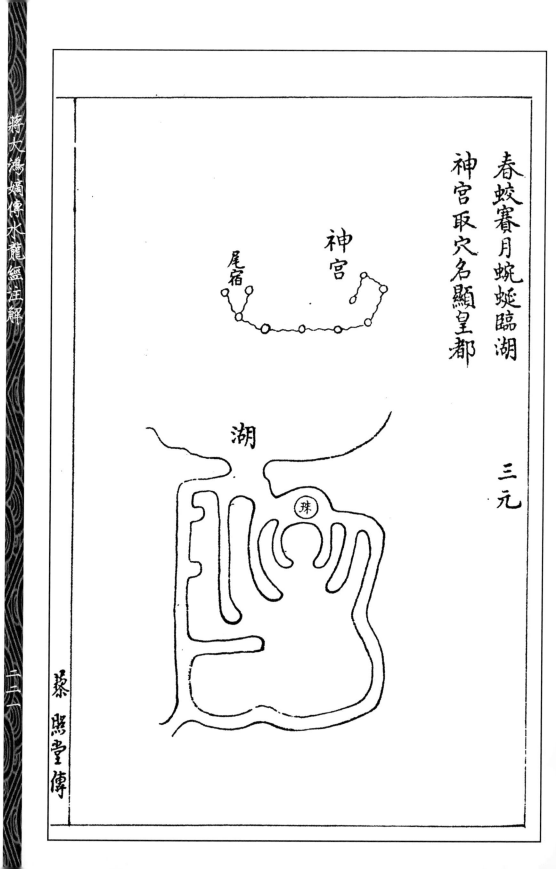

春蛟賽月蜿蜒臨湖

神宮取穴名顯皇都

神宮

尾宿

湖

珠

三元

蔣大鴻嫡傳水龍經注解

二一

蔡照堂傳

金盤出匣牛宿所臨

塋　黙饌綺席華裀

牛宿

中元 _{上下兩元} 尤好

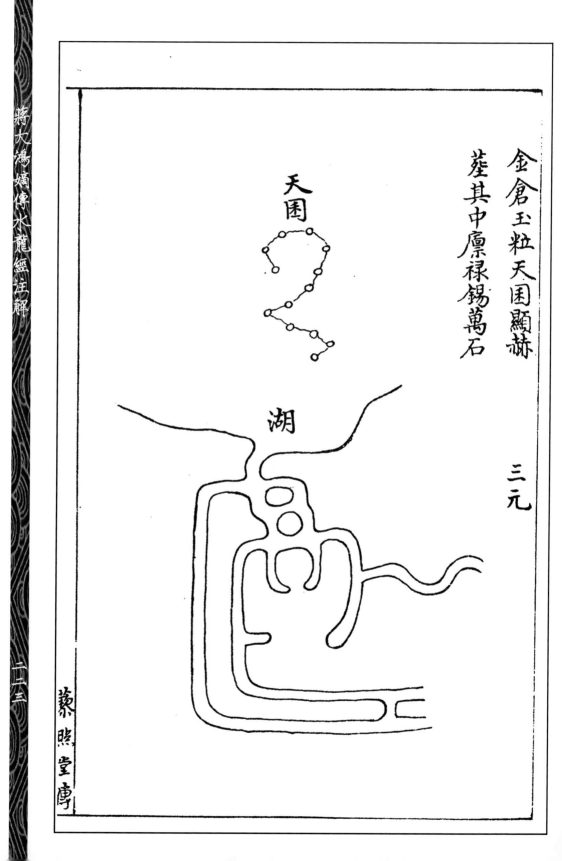

金倉玉粒天囷顯赫

羣其中廩祿錫萬石

三元

天囷

湖

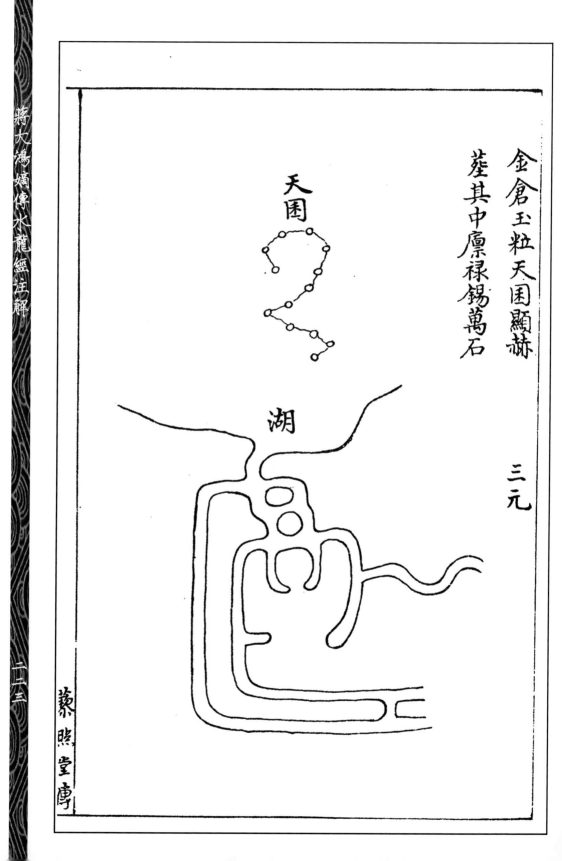

玉女鋪牀天牀森照

駙馬儀賓穴居閫奧

中元

天牀

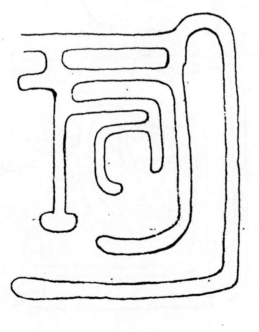

心一堂術數古籍珍本叢刊 堪輿類 蔣徒張仲馨三元真傳系列

繡幕銀鈎天淵外屏
裀褥取穴御苑芳名

中元葬三元

外屏

天淵

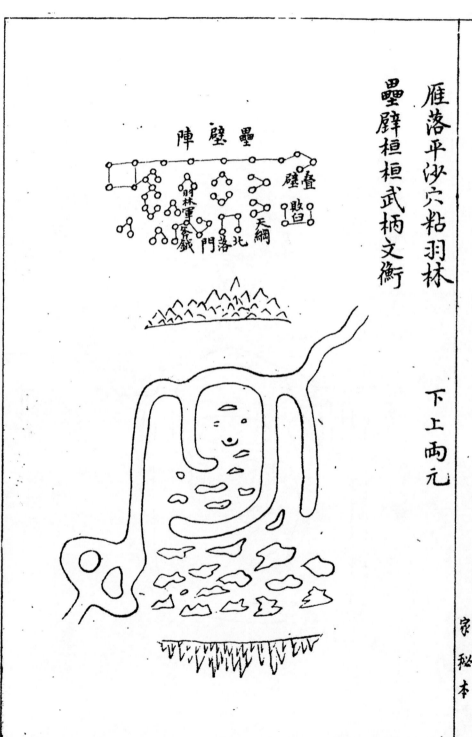

雁落平沙穴粘羽林

壘壁桓桓武柄文衡

壘壁陣

壘
壁
壘壁
叠

天綱

北
洛
門

羽林
軍
容
鐵

下上兩元

家秘本

珠胎瀉月天淵映輝
法釜內地食祿瓊闈

上元

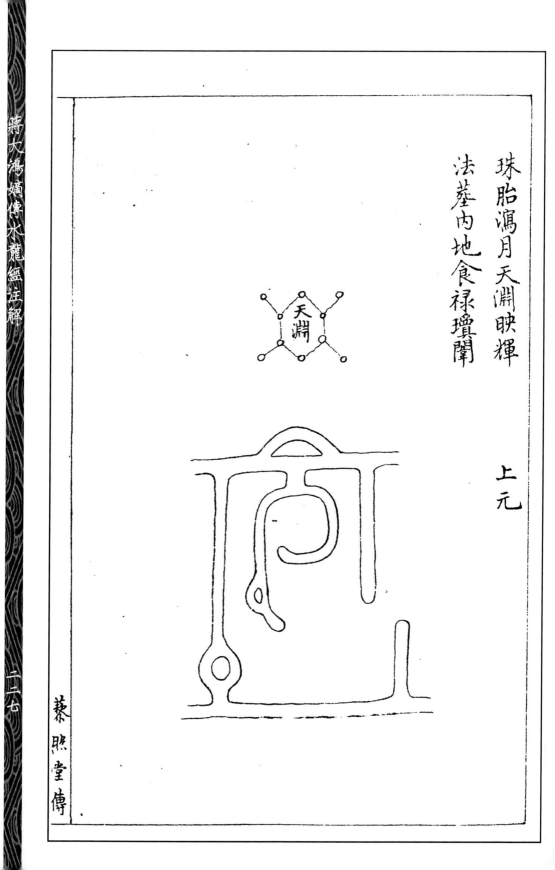

金蓮側露穴在花心

上臨積卒統取千軍　　中元兼三元

積卒

積卒

玉衡掛斗天倉顯文

柱史儲卿葬倚雲屏

天倉

天樞地軸奎宿所履

穴居其中威名千里

奎

宿

湖

天樞

地軸

三元

家秘本

水龍經第四卷

此卷專言水龍象形肖物之義與天星垣局厥旨相同蓋天有

是星即地有是物水能象星即能象物此與玉髓真經指物論

龍歸於一例原本亦云景純氏作其文不古比之星鈐有雅鄭

之異屬後人之傅會無疑予最取其篇首山郡以山為龍水郡

以水為龍二語為地理家千古開闢之論必非淺學之流所能

廢幾其餘文多粗率理多穿鑿畧之可也又云水口交鎖織結

雖順亦吉局内穿割箭射綖逆何庸先哉通達之論識若操其

圖局則草尾露珠雙龍戲感入懷諸格可謂深得水龍微妙作

法而亂中取聚則又裁穴真機確乎不易之至論也夫唱形點

穴予於山龍極論其非豈茲水龍反取其說要亦因文節取讀

者貴有變通亦緣世人論平洋者指示形局專取地之形為形

而不知水之形為形故博搜其義以破世迷純乎一家之正論

云爾大鴻氏筆記

水龍經第四卷原論

去來有一
定之勢而
曰來口便
是去口者
明徹松之
地亦必立
穴於小枝
水耳

山郡以山為龍水郡以水為龍三吳諸郡汪楚二省枝浜交流

一圩之地不過里許前賢所謂以水為龍正此處也相水認勢

塋下真穴富貴悠久經云、江淮大地無龍虎渺之歸何處東西

只把水為龍葵下發三公萬里無山英雄迭出其貴在水縱是 <small>此萬里巷之編戶言</small>

浙閩多山之地一、離山脈亦作水龍至於藡松之地近海通潮

六時潮來六時潮去來口便是去口去口便是來口兩頭交媾

為交精潮退兩分為乳蔭妙處在半潭旋生活喜其之玄潭旋 <small>指小枝小而言</small>

聚精神百倍之玄現化育無窮屈曲來朝不論大河小澗遠流

以上數行
學者宜熟
玩之

蔣公曰重
星体之美
麗奇秀不
重形象之
象物肖形
學者須知
之

曲抱無分江海池塘經云地道剛柔神變化眾流聚處引玄

機小水聚多而愈妙直流縱大不為奇內直外勻多巧緕內勻

外直枉勞心橫過抱身為抱局對面曲朝是迎神進局入懷要

兩邊之抱應流來入股須四面以包藏前後特秀即為華蓋附

身交合便是金魚兩水合局是朝星二派交流為合脚六建四

邊皆護衛三陽當面是趨迎金魚腰帶抱我灣環弓局天虹當

面大抱上下水朝號作雌雄兩感遠身方正即為華蓋幟頭裏

局枝浜奇特隨手榮華穿珠蚕乳源頭即時富貴獻語水英雄

三世藏秀局富貴千秋乂股無繮而驟發迎神得秀以綿長四

龍戲水大富大貴四水圍環悠久無疆交劍合流生武職催官

盤遠出文臣左右仙宮俱富貴蓮花垂乳仰定陰陽勢若踢毬須

得趣形如飛鳳翼宜長仙掌撫琴登甲第捲簾殿試擢巍科一

水曲勾盤蛇局兩浜正抱是開弓美女獻羞生秀氣排衙形局

出官僚太極二源真秀貴蜈蚣百足產英雄蝦局富而雄豪金

城貴而悠久高朝局久而出秀幡花形一發便休草露擎垂而

取尾露薄則出姓絕嗣順風船穴在居中船大則榮華富貴順

入捲簾而入贅舞旗腳轉始堪裁風吹羅帶發福遲而綿長伏

蔭金魚先富饒而後貴插花垂帶衣食從容進局入懷發福悠

夕金鈎宜轉脚朝元要水多裹局濶大而不巧交身緊夾而有

情曰字局有吉凶鞋城格分真偽盤龍局勢盤中取虹食彩霞

聚處尋螢益水扦垂尾龜紋局取中尋雙龍戲感合陰陽一水

垂絲鈎裏取四水歸朝防散亂聚堂局旺忌乘風砂水相關真

妙局回龍顧祖巧形模勢有排衙累局生蛇朝聚多情珠絲聚

布聚處安扦重抱盤旋水多愈妙中軍垂乳有外抱而財祿榮

昌土宿聚堂得秀朝而累科貴顯四勢不流元氣聚彎引一抱

福天然橫官龍形生顯貴借合穿龍發財源出水蓮巧而生秀

流帶局活動為榮蓮花局取緊小垂節勢欲多枝生蓝靈芝蓝

多為妙邱原轉結眾聚最奇來長去短福蔭無疆射脇穿心禍
凶立致大概來宜屈曲去宜之却急流者易於興敗凝靜者福
壽綿長水口交鎖織結雖順亦吉局內穿割箭射繚逆何庸此
等水法理致最微不特知之者鮮而講之者亦少矣

水龍第四卷

六建格 出神童狀元宰相

此是上元燕三元格

六建即六秀、
天玉青囊以
卦之父母為
三吉以卦之
子息為六秀
如上元坎坤
震管運則以
離艮兌水為
三吉以丙丁
丑寅庚辛水
震庚亥為三
吉以艮巽丙
辛兌丁為六
秀此偽說也
又以六秀分
天地人禄為
財之六建山
謬中之謬也

迎神水局

上元

午山

巳玉

午
丙
丁
午山

巳玉

黎照堂傳

入懷格

此是四六兩頭關中五交氣局

此是二八交氣局

秘本

金魚腰帶格

弓局格

上元煎中元

翼

巽

辰

乙

壬

丙

下元

牝牡華盍 出文武全才

脈取貪狼
護正龍

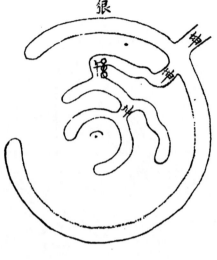

三元

亂中取聚格

此是天地交泰三元不敗之局

雌雄感秀格

丑
丙午丁
午

壬
子壬

此與扼牡華蓋相似

龍局格

午
坤
巳
坤
庚
巽
乙
癸
壬

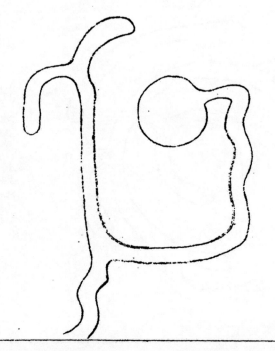

幘頭華蓋格

上元

藏秀格　水聚天心

上元

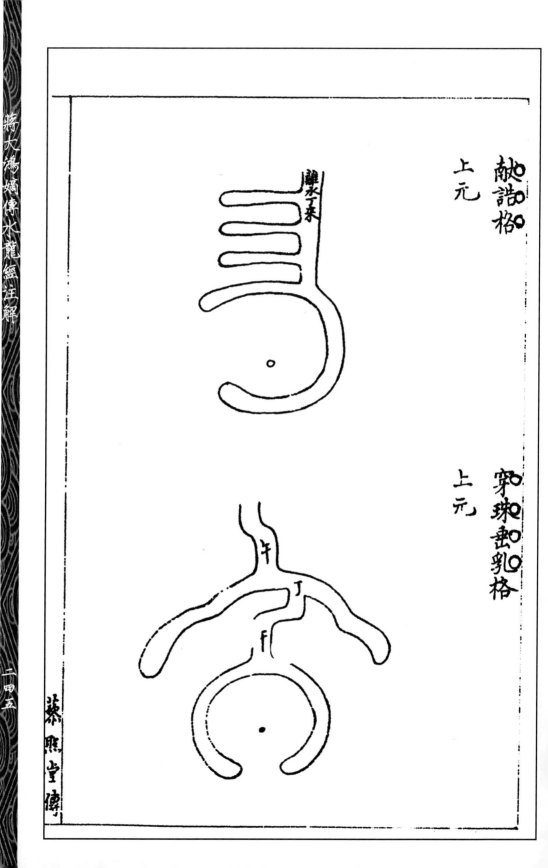

献諂格
上元

穿珠顁乳格
上元

四龍戲珠

水逆巽来離上獨三疊於中元扞之

可以三元不敗

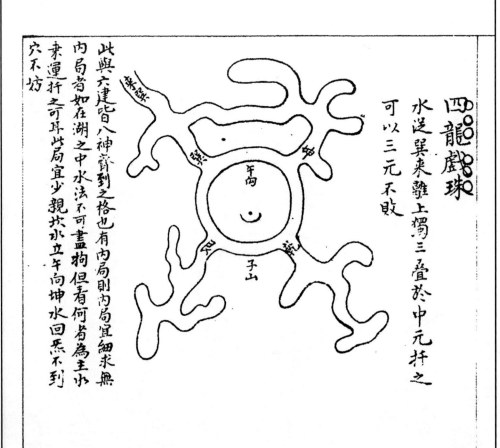

此與六建皆八神齊到之格也有內局則內局宜細求無
內局者如在湖之中水法不可盡拘但看何者為主小
柔運扞之可耳此局宜少親坎立午向坤水回然不到
穴不妨

交劍格　出元戎

中下二元

家秘本

催官格

此上元榦龍中之小局也

午

癸

高骨

寅

踢毬格

雖是上元局而此圖我所不取
若地形寬大須再問小水方妙

仙掌撫琴　無足取

左右仙宮　無足取　吉之

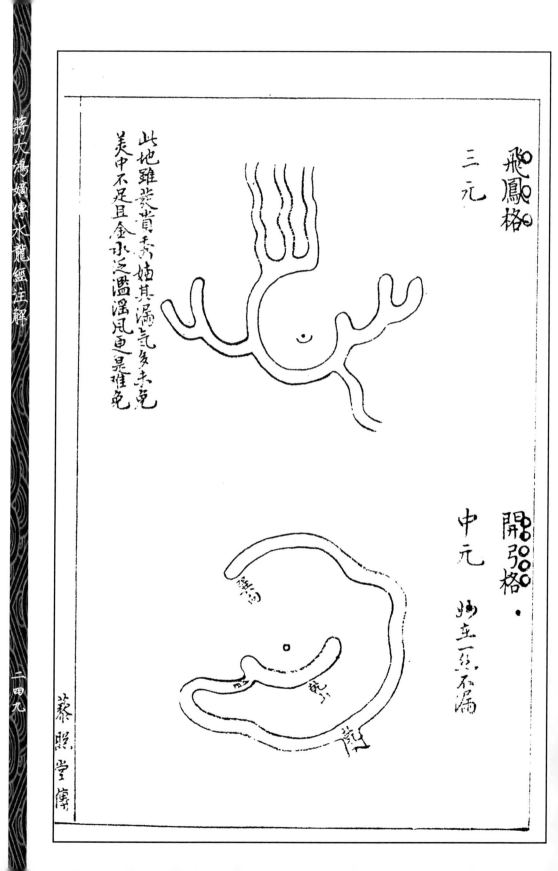

飛鳳格

三元

此地雖榮貴秀媚其漏氣多未免
美中不足且金水泛濫淫風更是難免

開弓格・

中元 妙在一氣不漏

龍

上元

垂蓮格

壬

辛壬

下元

仰蓮格

午向

壬

癸子山

子

家秘本

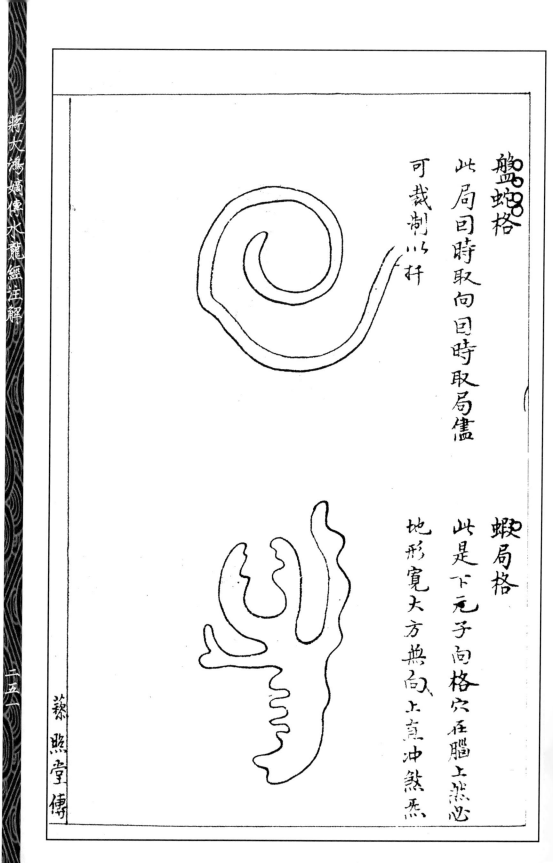

盤蛇格

此局回時取向回時取局盡

可裁削以扦

蝦局格

此是下元子向格穴在腦上然必

地形寛大方無向上直冲煞燕

排牙格

應下元扦

太極格

此是四隅齊到之交媾局

家秘本

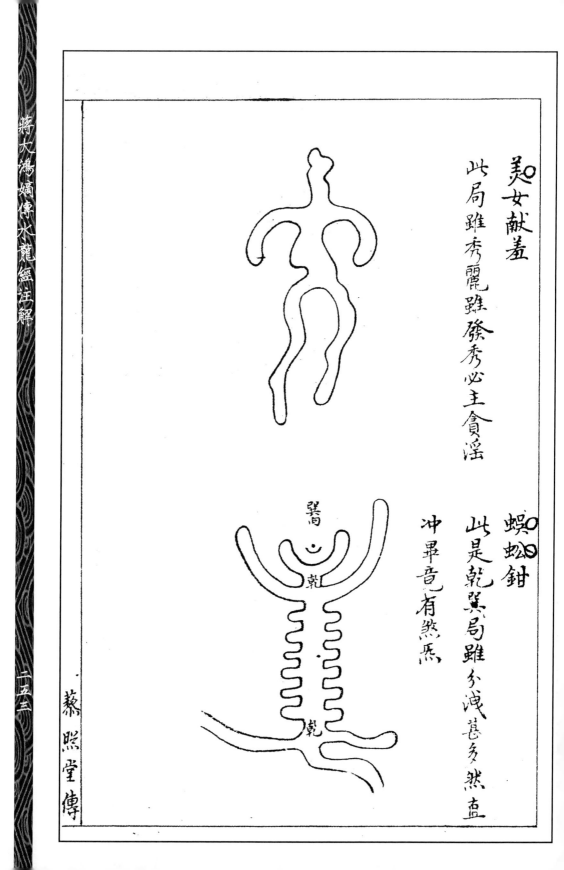

美女献羞

此局雖秀麗雖孫秀必主貪淫

蜈蚣鉗

此是乾巽局雖分洩甚多然亦

沖畢竟有煞焉

伏蔭金魚

上元

離水聚堂

义股格 此局一無可取

家秘本

雙龍戲感

此是二八交氣

揷花格

蔡照堂傳

涎帶格

風吹羅帶

心一堂術數古籍珍本叢刊　堪輿類　蔣徒張仲馨三元真傳系列

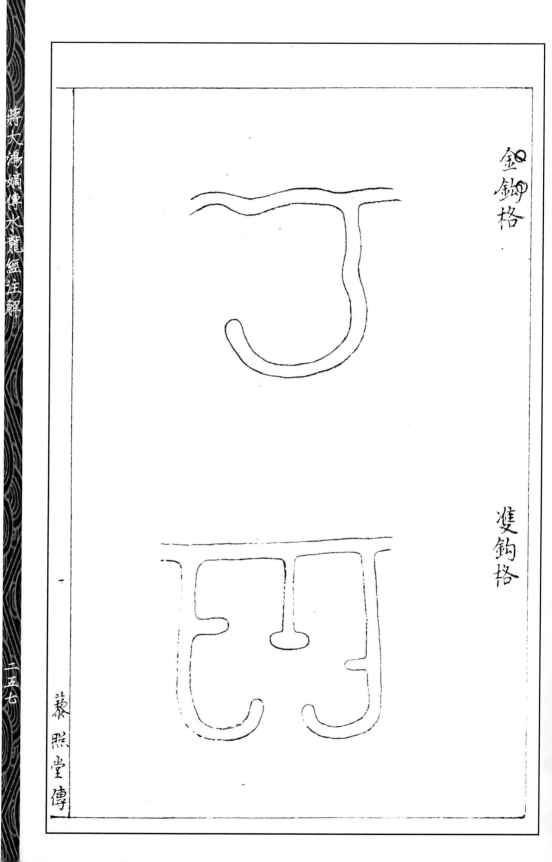

金鉤格

雙鉤格

藜照堂傳

進局抱懷格

草尾垂露

家秘本

印字城格

此是下元子向局子爲貪狼

不礙〇形昌呆校不票不能發

搅簾殿試格

上元中元

飛旛舞旗格 不吉

鞋城格 然思敗

家秘本

順風船

纏弓一抱

蓁照堂傳

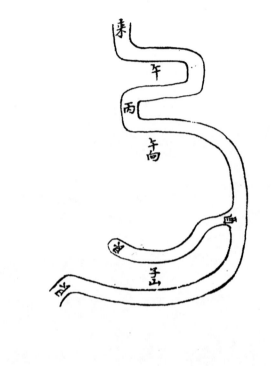

回龍顧祖 點日朝元格 三元

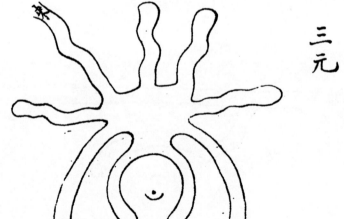

聚堂照局格 三元

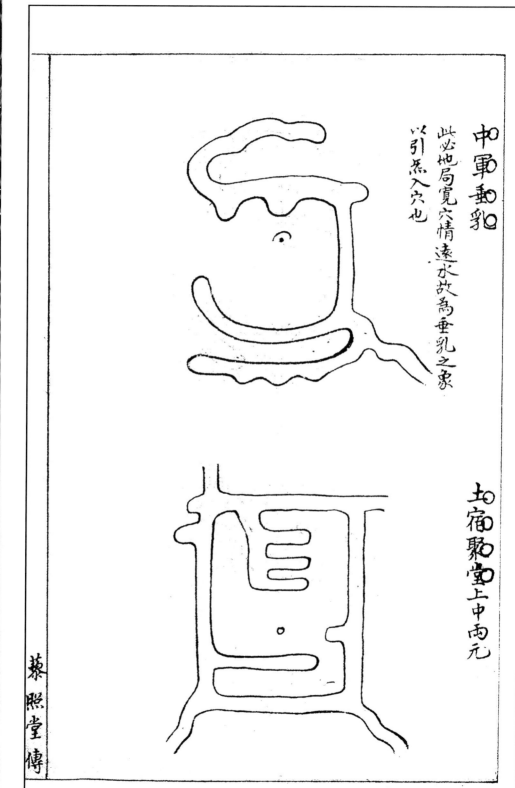

中軍垂乳

此必地局寬穴情遠水故爲垂乳之象
以引氣入穴也

土宿聚堂上中兩元

蔣大鴻嫡傳水龍經注解

二六三

蔡照堂傳

垂節格

上元

蚩莛雲芝

下元

心一堂術數古籍珍本叢刊 堪輿類 蔣徒張仲馨三元真傳系列

横官龍
下元

蟠龍格
三元

中元

虹○食○粉○霞

擎傘格 無足取 去う

旛花龍 不吉 去今.

無此形
方可

朝元格.

下元

水龍經第五卷

地理之書真偽雜揉山龍猶有善本平洋隻字不傳世本紛紛
額皆不知妄作俗士罔識謬以高山龍法與平洋同論遂使安
墳立宅盡失其宜中格合符百無一遇固天機之秘惜亦俗術
之誤人觀此茫茫可勝悲慨予自得無極真傳洞悉高山平夷
陰陽二宅秘旨魯有水龍一書藏之名山未敢輕洩人世庚子
春偕吾友余曉宗過同郡鄔子客有以水龍經一卷見示與子
所藏大同小異披覽之餘深嘆幕講支成三百年来絕學亦有
從推測中得其梗概者其書不知何人所作考其年次應在神

廟中年大約江湖術士歷覽已戒之跡不拘牽於俗論而自抒

其所見有如此雖未究精微之詣亦可謂英絕敏妙之才矣其

亦有所傳授以及以乎緣未識三元九宮秘要又所見成敗與

廢皆中元甲子格局其論列方隅體勢尚多偏曲龐雜之詞予

為刪正訛謬存其合道者若干篇綴諸予所藏定本之末與第

二卷圖例互相參考雖間有重複而層見疊陳益證大同之旨

廢作者之初懷不沒而學者亦可以廣義類云耳

　　杜陵大卷子蔣平階大鴻氏參訂并題

　　門人 王念先孝啟氏
　　　　 鄒廷瑚禹玉氏 全較

家秘本

此卷皆言
近穴貼體
星辰脉来
去水源尤
當以三元
八卦九星
衰旺之運〇
堆之星体〇
得正元運〇
進旺則為〇
全却若元〇
運逢衰則
星体雖妙〇
不可下也

金城化出五星名〇
尤取金城最吉星〇
不論枝流并幹水〇
左〇圍右抱皆堪喜〇
後倚前朝並可親〇
無分池沼與溝汀〇
若得山形為穴體〇
曾教福至禍無侵〇

一　蔣大鴻補圖并題

金城凶格　墓宅同

金星如仰　外家宅田園敗

墓宅俱凶

金水相生格

金星如出水○水短勿○為貴又云、

金內水外貴多富○

金水泛濫格

蔣公云此為漏氣○多故亦少○

金水太縱橫泛濫起風觳穴中若漏氣○

屢損少年人縱有官和貴其家必主溫○

不如為寺觀香火得殿○

木撞金城格

城垣之外木来冲縱然秀麗也為凶〇

冲左絶長右絶少中心仲子不留踪〇

房二戶：皆凶害忤逆邪淫刑獄中

直射

直射

直射

火剋金城格

火直撞金城〇火盗與軍刑又云

金星如火壓〇家散人財滅〇

斜直

水一斜飛〇便是火星

蘇照堂傳

重金格

金星一抱已堪誇　若更重々福祿奢

近身貼水方為貴　遠照之時氣脉賒

重金凶格

三金如品列　家計常添入

外水似反弓　吉中未免凶

此水城在坐後須緊貼　若在穴前明堂須寬抱

反

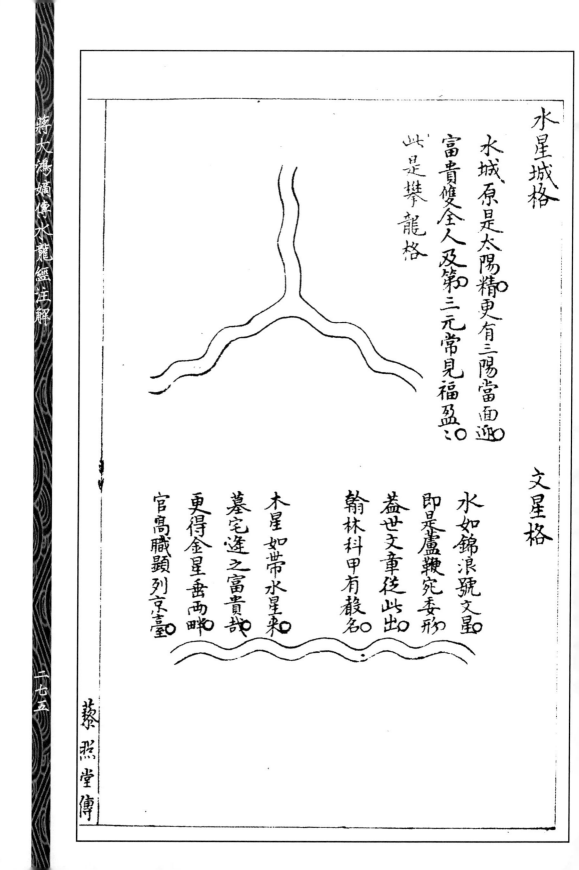

水星城格

水城原是太陽精更有三陽當面迎〇

富貴雙全人及第三元常見福盈〇〇

此是攀龍格

文星格

水如錦浪號文星〇

即是蘆鞭宛委形〇

蓋世文章從此出〇

翰林科甲有聲名〇

木星如帶水星來〇

墓宅逢之富貴哉〇

更得金星垂兩畔〇

官高職顯列京臺〇

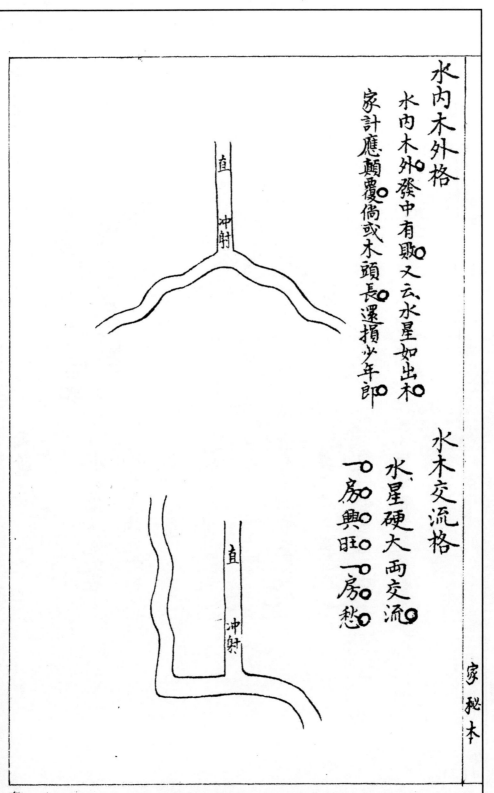

水內木外格

水內木外發中有敗又云水星如出和

家計應顛覆倘或木頭長還損少年郎

水木交流格

水星硬大兩交流

一房興旺一房愁

家秘本

水火相射格

水火若交爭瘟火訟兼并〇

斜

塋同

土星城格

土星如曲轉家富進田產〇

坎宅同

土星內抱格

土星如內抱富貴盈財寶。

堂全

重土格

二土面前橫家豪頗有名。

堂同

此局中五當令之時小可發財。

餘俱平。

土星仰外格

土星若仰外〇無水便離財〇

反

坟宅全

反土格

土星若反飛〇無水便財離〇

反

坟宅全

此二局是為龍背縱合元運亦是不吉

蔡照堂傳

橫直木格

橫木直木。撚不堪親。

莫論富貴後嗣伶仃。

直來直去不能界氣無可下手

直

順逆水格

順水逆水官非碌。

客死離鄉退財散穀。

斜

反背

飛

斜飛反背不成星体不可論元運

木帶土格

木土曲直來家富足錢財

左右同論

坟宅同論

土木城格

木星帶轉土星來土上安基方有

財若取木星為貼体剋剝相爭禍

患胎 坟宅全

山

直

射

山

叠令

小

坟宅若居山

退敗絕人乃

木尅土城格

二木不宜長一土怕難當〇

直　　　　直

射　　　射

坟宅並凶

三木尅一土〇離鄉人口死〇

直　射　直　射　直　射

一坟宅並凶

二局三元俱凶

斜火格

五星皆好穴前朝○
此宿逢之怕火燒○
直走斜飛招訟事○
田園退敗尚曉○

斜

墳宅全凶

火星斜走更牽長○
坟宅之前最不良○
如有水朝來救助○
方能人口免瘟瘟○

重火格

火星曲動最難為○
宮訟連綿更損妻○
劫盜瘟瘟常自布○
人離財散各東西○

這是坟取來的

斜

坟宅全凶

二火相親○
風捲灰塵○

蔡照堂傳

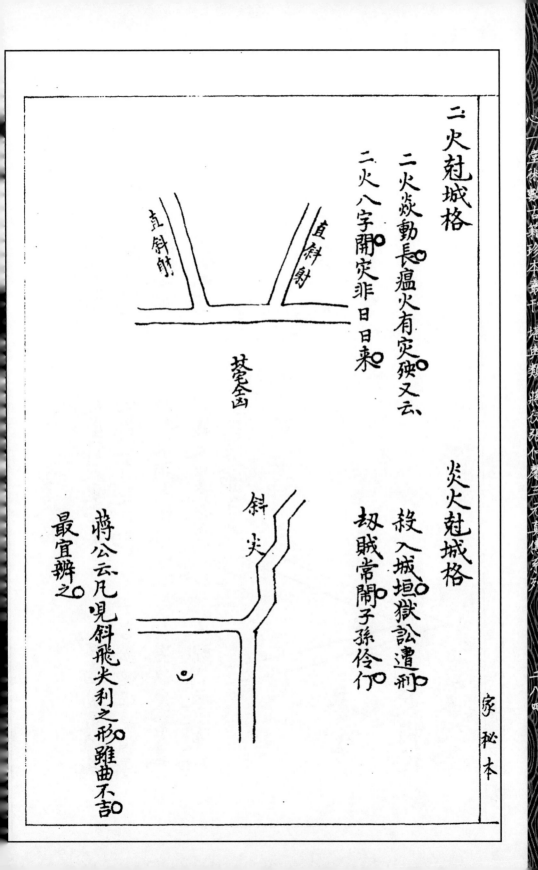

二火尅城格

二火焰動長瘟火有災殃又云

二火八字開災非日日來

炎火尅城格

殺入城垣獄訟遭刑

刧賊常鬧子孫伶仃

蔣公云凡見斜飛尖利之形雖曲不吉

最宜辨之

直斜射

直斜射

其凶全凶

斜尖

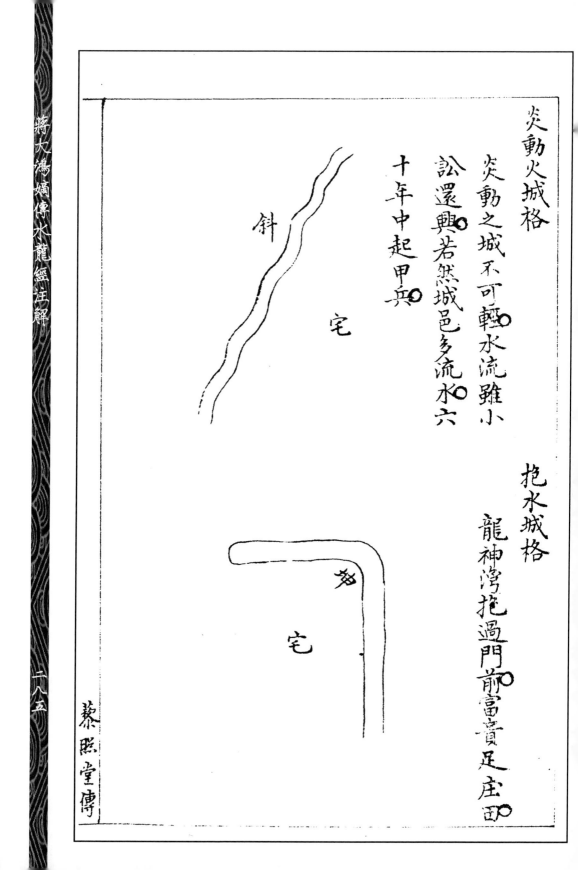

炎動火城格

炎動之城不可輕 水流雖小

訟還興若然城邑多流水六

十年中起甲兵

宅

斜

抱水城格

龍神灣抱過門前富貴足莊田

宅

多

蔣大鴻嫡傳水龍經注解

藜照堂傳

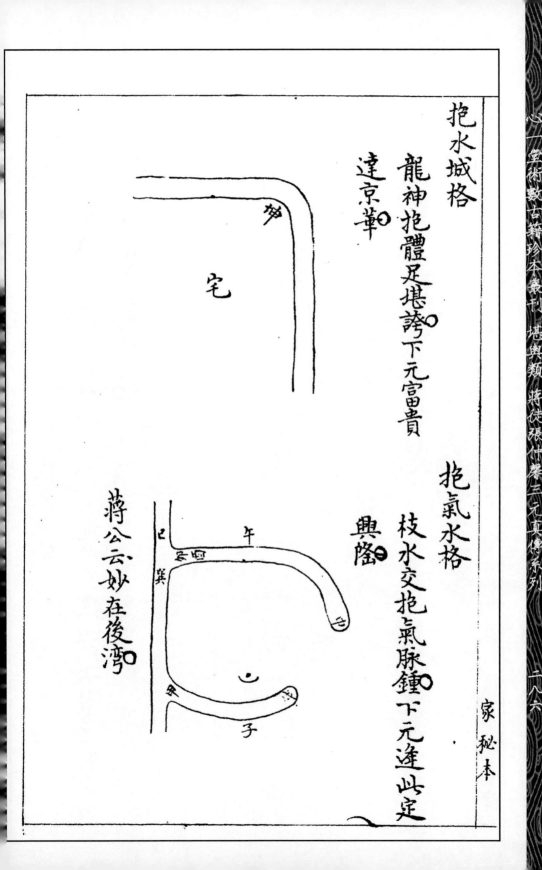

抱水城格

龍神抱體足堪誇○下元富貴

達京畿

抱氣水格

枝水交抱氣脈鍾○下元逢此定

興隆○

蔣公云妙在後灣○

心一堂術數古籍珍本叢刊 堪輿類 蔣徒張仲馨三元真傳系列

束帶纏身前抱水格

束帶水纏身家中好積金〇

若然為塚墓久後可成名〇

兜抱水格

屋前屋後有池兜富貴永無憂〇

宅

宅

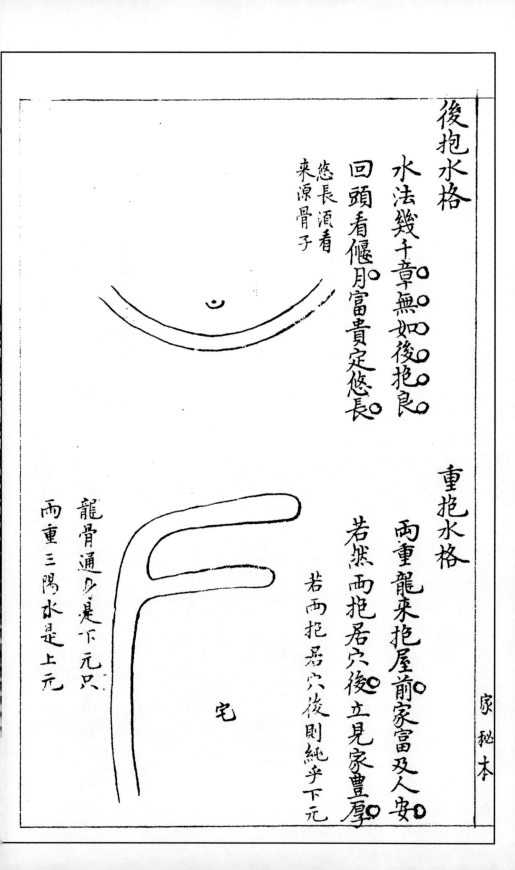

後抱水格

水法幾千章無如後抱良〇

回頭看僂月富貴定悠長〇

悠長源看
來源骨子

重抱水格

兩重龍來抱屋前家富及人安〇

若然兩抱居穴後立見家豐厚〇

若兩抱居穴後則純乎下元

龍骨通少是下元只

兩重三陽水是上元

宅

重抱水格

虎水兩重抱宅坟
三元富貴足金銀

午
丁
辛
巽
艮

曲抱水城格

青龍水抱身家富出官人

巳
午
癸

宅

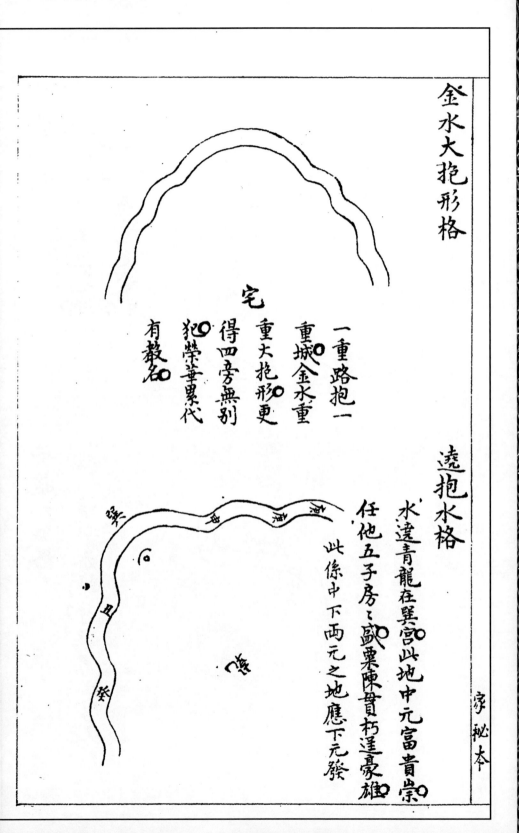

金水大抱形格

遠抱水格

宅

一重路抱一
重城金水重
重大抱形更
得四旁無別
犯榮華累代
有穀名

水遠青龍在巽宮此地中元富貴崇
任他五子房ゝ歐粟陳腐朽遷豪雄
此係中下兩元之地應下元發

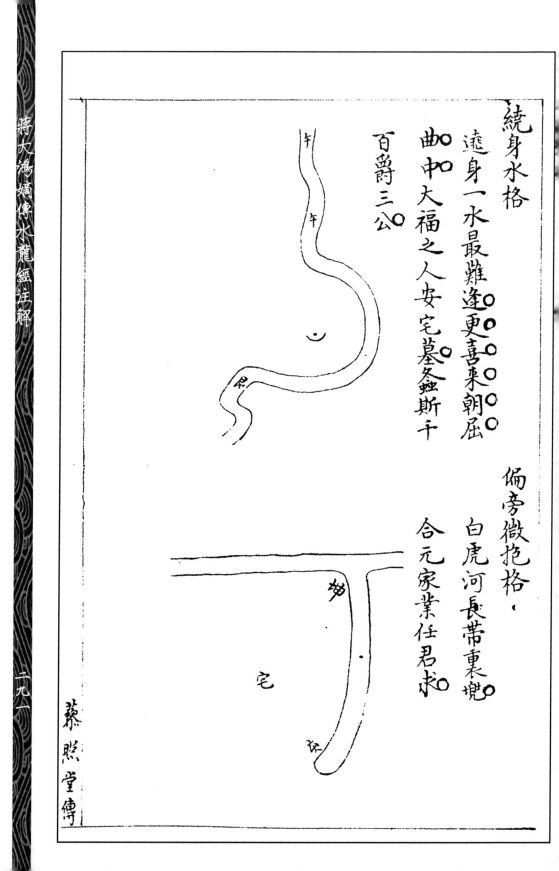

繞身水格

遠身一水最難逢〇更喜來朝屈〇〇〇
曲中大福之人安宅墓簽毲斯千〇
百爵三公〇

偏旁微抱格、
白虎河長帶裹堤〇
合元家業任君求〇

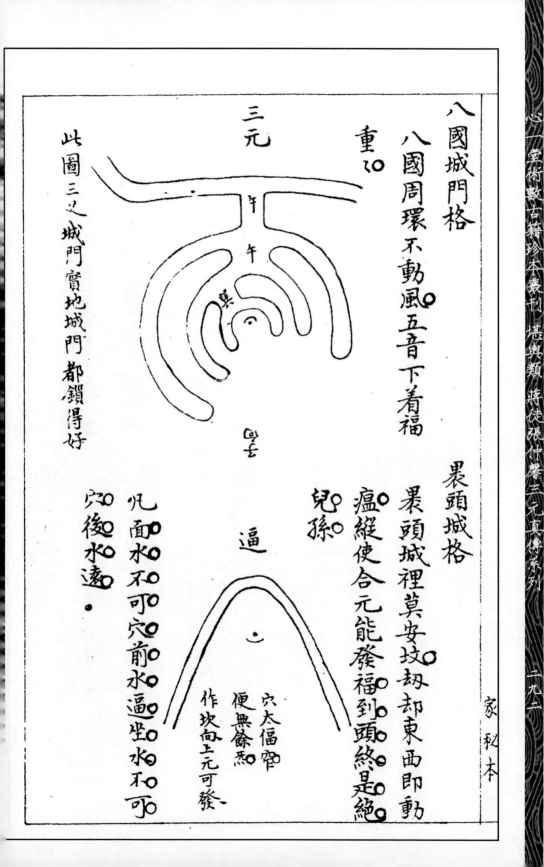

八國城門格

八國周環不動風○五音下着福
重○

三元

午
巽

此圖三之城門實地城門都鎖得好

裹頭城格

裹頭城裡莫安坟劫却東西即動○
爐縱使合元能發福到頭終是絶○
兒孫○

三元
逼

穴太偏窄便無餘氣作坎向上元可發一

怃面水○不可穴前水逼坐水不可
穴後水遠。

鉗水格 亦名兩水合格

兩水合成鉗無官却有錢

生　生
死　死

鉗水格

水口若窩鉗官高且有錢

此形能出文武雙全之人

蔣公云此以水抱而吉非以高地也

高地

家秘本

金鉤格

曲水似金鉤富貴此中求

蔭腮水格

可穴居中是漏胎

一水兩分迴其名為蔭腮兩腮皆

中穴向水攀龍甚佳嫌堂後有天柱折

之象若得坐後一層低一層便妙兩腮二穴

來處止處水俱泰雜其謂之吉我不知其何

所取也

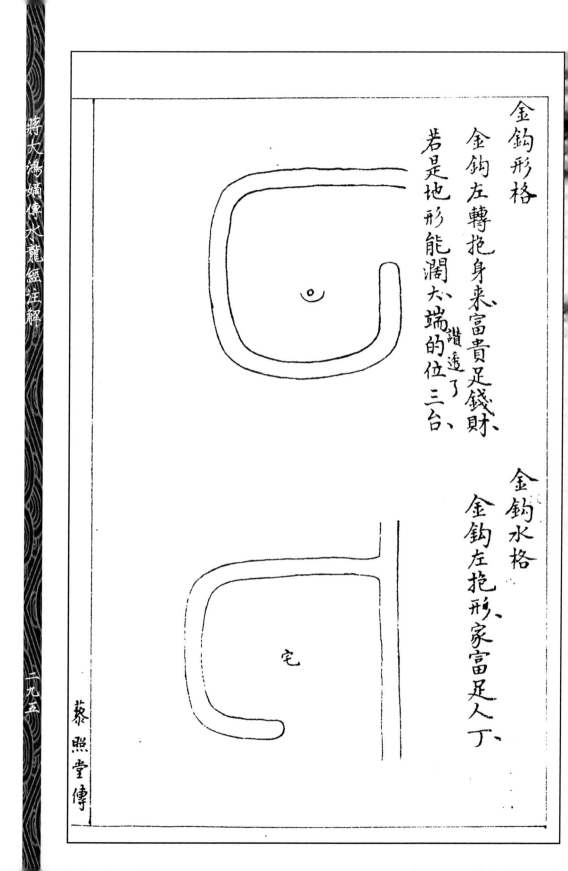

金鈎形格

金鈎左轉抱身来富貴足錢財、

若是地形能濶大端的位三台、讚透了

金鈎水格

金鈎左抱形家富足人丁、

金鈎形格

水來屈曲作金鈎富貴樂優悠。

盡結原來是龍頭

勾心水格

水尾勾來尖射宅此宅作凶說。

尖

射

蔣公云此勾冲在明堂中心便為射破。

若兜過堂前勾在左邊便不妨。

反鈎格

反鈎水格名背城出人拘性并
狂心更蕪手足招風疾家業飄
搖公事興

乙字水格

乙字之水入懷流也是回頭龍
枕穴若有情真得氣其家富貴不
須愁

反飛
山
午
丙

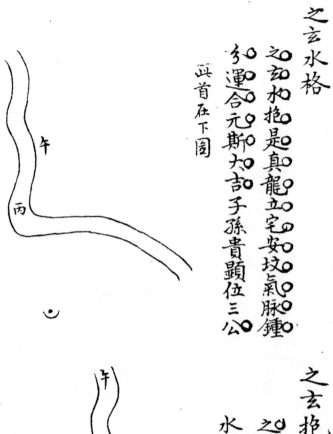

之玄水格

此首在下圖

之玄水抱是真龍立宅安墳氣脉鍾
知運合元斯大吉子孫貴顯位三公

之玄抱身格

此首在上圖

之玄之水是真龍來去皆能座鉅公
水若抱身鍾大貴倘然不抱也興隆

曲水城格　即飛雷城式

龍神灣抱屈曲來日日進錢財
若是曲多深且濶門外車馬喧
金明水秀盛文章翰苑姓名揚

宅

曲水轉抱格

金水之城如衣藤文秀棠誇能
更若回環成大局乘運便飛騰

宅

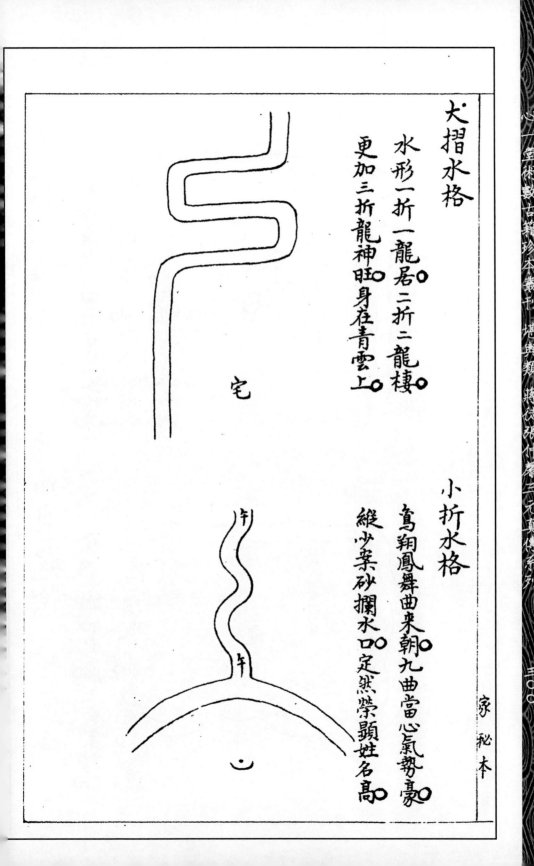

大摺水格

水形一折一龍居〇二折二龍棲〇
更加三折龍神旺身在青雲上〇

宅

小折水格

鳶翔鳳舞曲來朝〇九曲當心氣勢豪〇
縱少案砂攔水口〇定然榮顯姓名高〇

午

午

曲水反去式

曲來轉去抱他家背上安坟穴

便差縱然秀麗堪一發一逢運

退禍交加

曲直水格

曲從直來此地當裁避直就曲

金玉成堆避曲就直一敗成灰

龍過

背龍為

此處

最忌背背

歸原録云

反叛不克

反

坤

言

山

坟前有水直冲穴

下後見孫絶

龍腹格

家住曲中號龍腹

其家富貴食天祿

宅

家住曲外名龍背

貧窮絶嗣多乘庳

宅

迴龍格

水神來處復回頭名曰迴龍氣脉收

腹裡包藏無滲漏其中發福永無休

宅

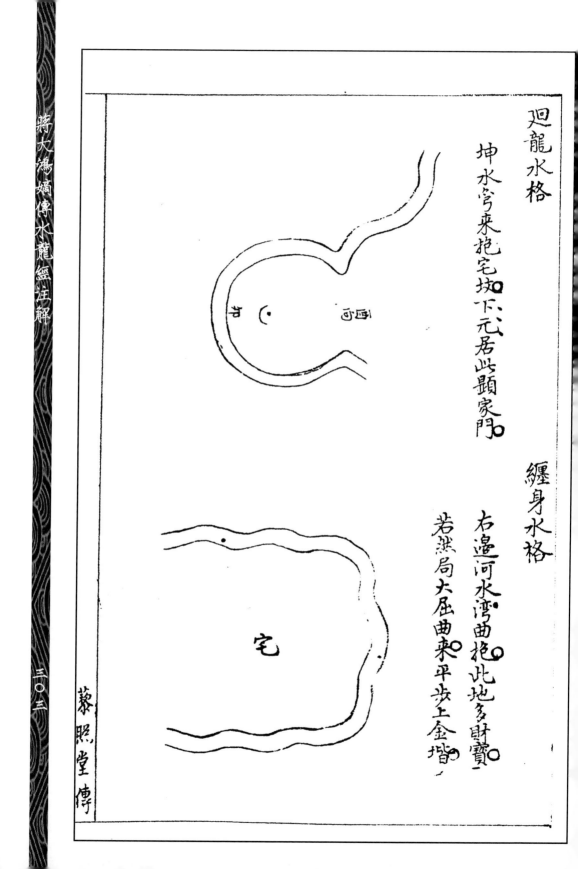

廻龍水格

坤水弯弓來抱宅坎下元居此顯家門

纏身水格

右邊河水灣曲抱此地多財寶

若洪局大屈曲來平步上金階

宅

蟠龍水格

螺旋之水是蟠龍穴坐天心元氣鍾

世上榮華何不有名同伊呂亮天公

此局尚有龍頭一穴挾水作艮山坤向內水

止於霤外小來於巽上中而元大旺

更有巽向一穴向前兩重巽水中元大旺

雙龍交首格

一龍之水兩頭交化作雙龍穴在腰

將相王侯從此出嘗教列土更分茅

汪云此必枝水割界故云化作雙龍穴

塲少兩故云在腰也惜繪圖者未見及

爪藤水格

面前一轉一重庫財寶多無數大

江便出大官縈小溪必主家豪富

宅

左飛龍城格

曲来之水是飛龍穴點居中富貴豐

更看星辰歸吉位為官必定到三公

北

西

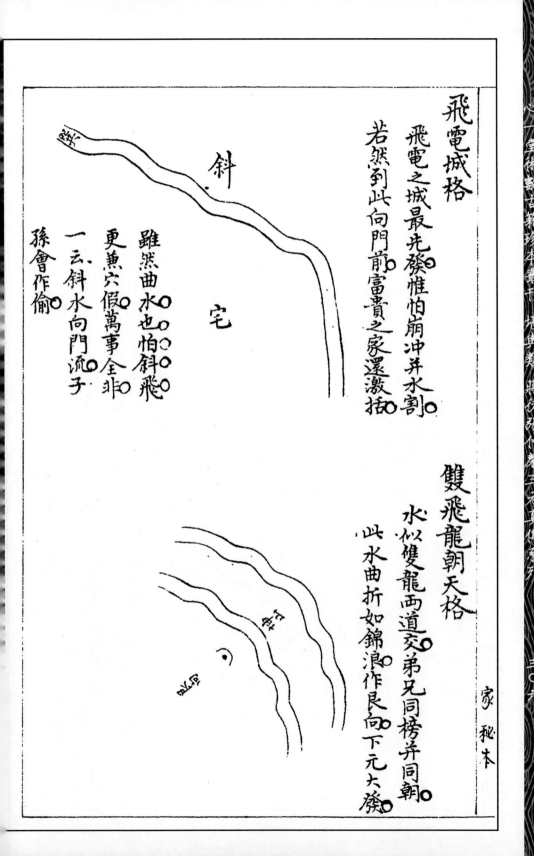

飛電城格

飛電之城最先發惟怕崩冲并水割○

若然到此向門前富貴之家還激插○

斜

宅

雖然曲水也怕斜飛○○

更兼穴假萬事全非○

一云斜水向門流子

孫會作偷

雙飛龍朝天格

水似雙龍兩道交弟兄同榜并同朝○

此水曲折如錦浪作艮向下元大發○

雌雄格

雌雄交首似雙飛　此水同來格最希

穴若得宜真氣合　世代兒孫著紫衣

子母龍格

母龍蜿蜒作金湯　有子成胎腹內藏

若照胎元多孕育　祖孫父子坐同朝

神金氣足力大勢雄

此一道單纏中最妙

三格也

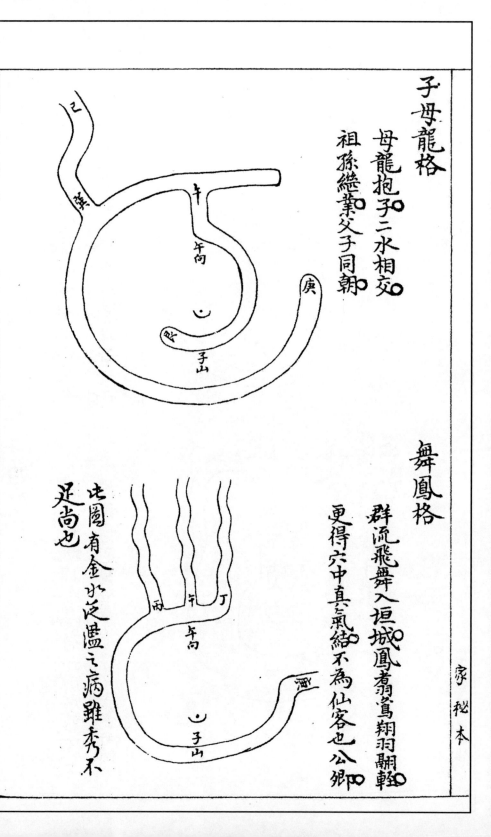

子母龍格

母龍抱子二水相交○

祖孫繼業父子同朝○

舞鳳格

群流飛舞入垣城鳳翥鴛翔羽翮輕○

更得穴中真氣結不為仙客也公卿○

此圖有金水之氾濫之病雖秀不

足尚也

家秘本

蟠龍舞鳳格

翔翔朱雀勢漾洄儼若蟠龍屈曲來

下後兒孫登甲第官居清顯列三台

玉街水格

玉街之城宗至貴宰相三公極高位

若肰龍後帶奇聖定主聖朝天子知

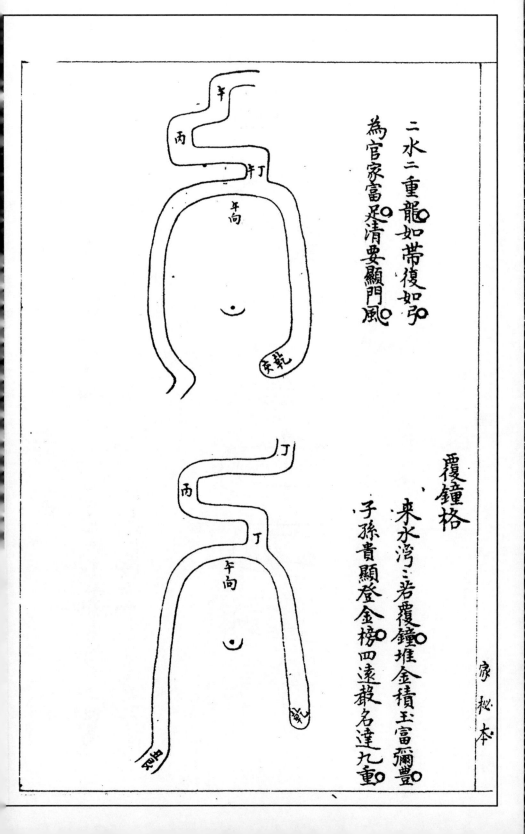

二水二重龍如帶復如弓

為官家富足清要顯門風

覆鐘格

来水灣三若覆鐘堆金積玉富彌豐

子孫貴顯登金榜四遠敷名達九重

家秘本

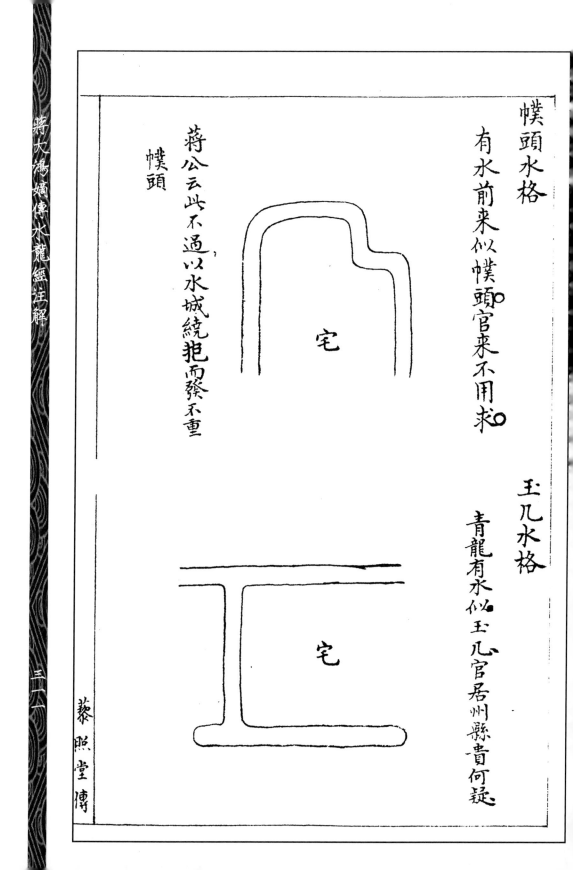

幞頭水格

有水前来似幞頭官来不用求

幞頭

蔣公云此不過以水城繞扡而發不重

宅

玉几水格

青龍有水似玉几官居州縣賣何疑

宅

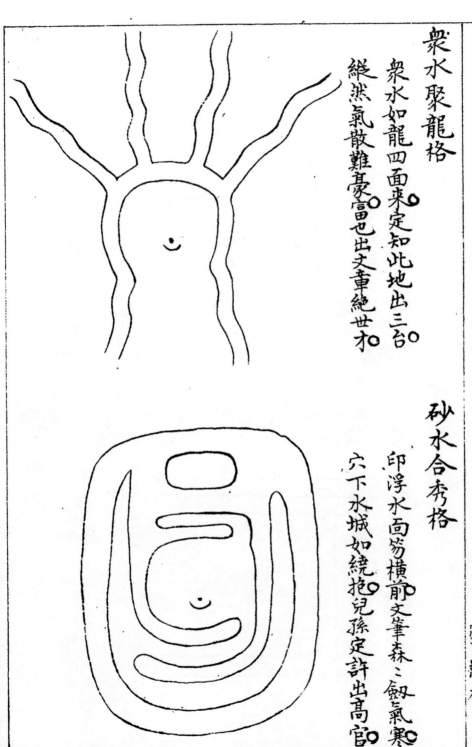

眾水聚龍格

眾水如龍四面來○定知此地出三台○

縱然氣散難葬豪富也出文章絕世扚

砂水合秀格

印浮水面笏横前文筆森三劒氣寒○

穴下水城如繞抱兒孫定許出高官○

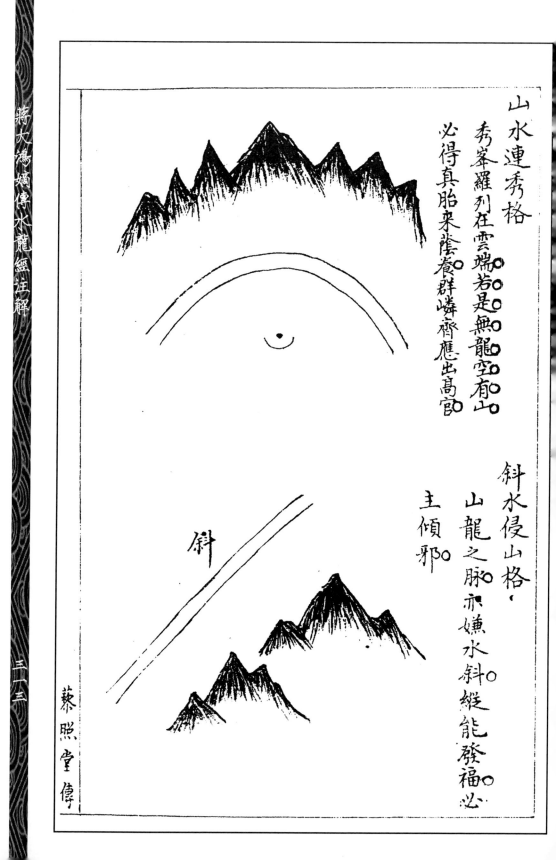

山水連秀格

秀峯羅列在雲端。若是無龍空有山。

必得真胎來蔭養。群巒齊應出高官。

斜水侵山格。

山龍之脈亦嫌水斜。縱能發福。必

主傾邪。

斜

蔡照堂傳

斜水衝山格

斜

射

心一堂術數古籍珍本叢刊 堪輿類 蔣徒張仲馨三元真傳系列

池湖格

前後有湖池墓宅咸可居坟前嫌逼窄穴後要臨湄下法看平正傾

斜脉便離更看方圓扁抎之無尖宜

離位池塘原是三元之局但立穴之浦

三方皆可偪水惟明堂宜寬乃為合法

若太進前難為子嗣雖富貴尔主代

換妻以無餘氣故也

池湖格

明堂積水深　圓鑑足誇論

出入多秀麗　男女喜雙清

方印積水深此地出官人

家秘本

湖池凶格

污池若坐偏氣脉不周全子孫多不孝刑獄更相牽

宅

偏

凡墓宅在池之偏旁者主兵死客死

又云坑坎龍不十分吉、

偏

橋梁路

當門橋来直冲着此為大凶惡

主瘟病孤寡人口死亡、

青龍之上有橋梁鎖水任君安、

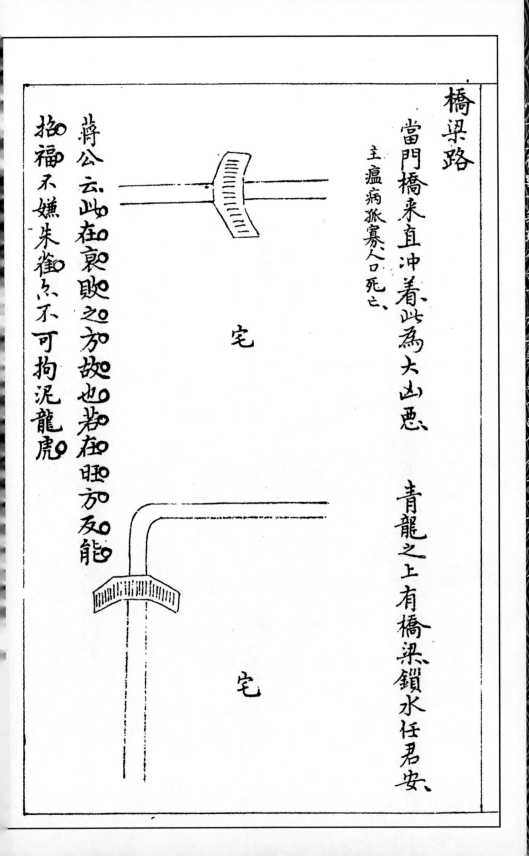

宅

宅

蔣公云此山在衰敗之方故也若在旺方反能

招福不嫌朱雀只不可拘泥龍虎

右有橋沖淫敗絕宗

宅

凡近塚有井主有心腹患及病目人
井不分前後左右若太近塚側難爲

子孫

橋梁應以元運衰旺論吉凶此必橋在衰敗
之方陽宅以淨氣爲重故全不言凶若在旺方反
吉如徒泥於龍局以論吉凶則又拘壗之見而非
得其傳正義者矣

直流水格

直木水無灣兩旁不可安○
全然無氣脈到此不湏看○

直

宅

直中取灣格

直水地居灣其家自然安○

宅

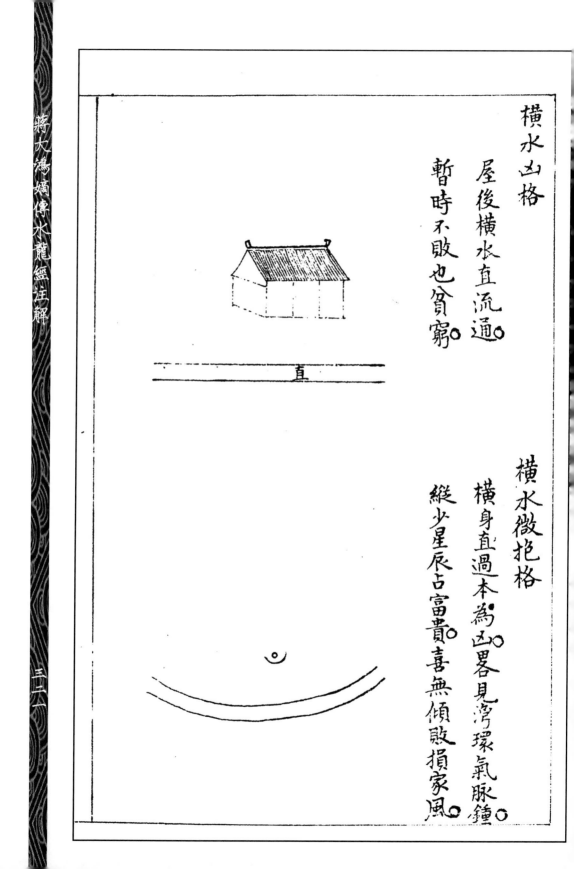

横水凶格

屋後横水直流通○

暫時不敗也貧窮

直

横水微抱格

横身直過本為凶○畧見灣環氣脉鐘○

縱少星辰占富貴喜無傾敗損家風

內員外直取內作吉〇

凡橫過水〇不牽不掣〇不斜不側不反不亂乃作
吉論〇

直

反跳水

白虎源頭一反勾〇財物鬼来偷〇

反水格

龍神反去不朝身扦着退家門〇左邊若見長房災右邊少者寃〇

凡塚宅居水曲反背者〇主子孫多死亡〇

反飛

宅

飛 反 宅

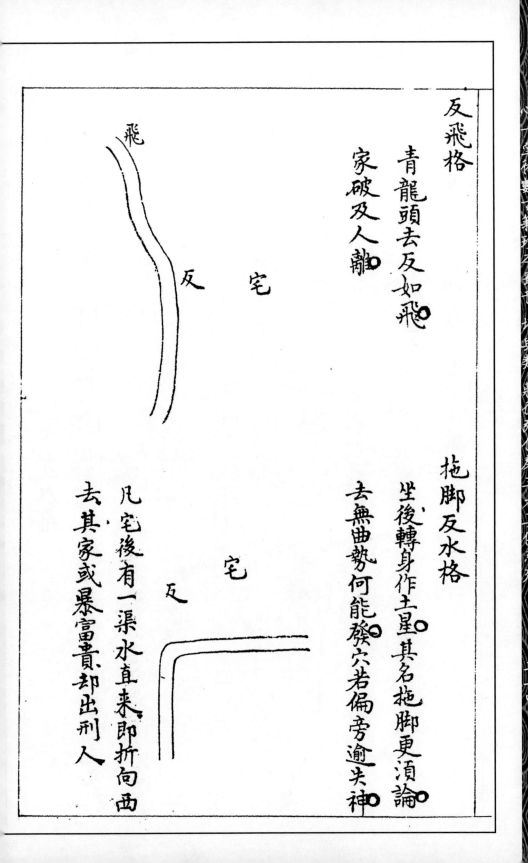

反飛格

青龍頭去反如飛

家破及人離

拖腳反水格

坐後轉身作土星　其名拖腳更湏論

去無曲勢何能發穴若偏旁逾失神

凡宅後有一渠水直來即折向西

去其家或暴富貴却出刑人

心一堂術數古籍珍本叢刊　堪輿類　蔣徒張仲馨三元真傳系列

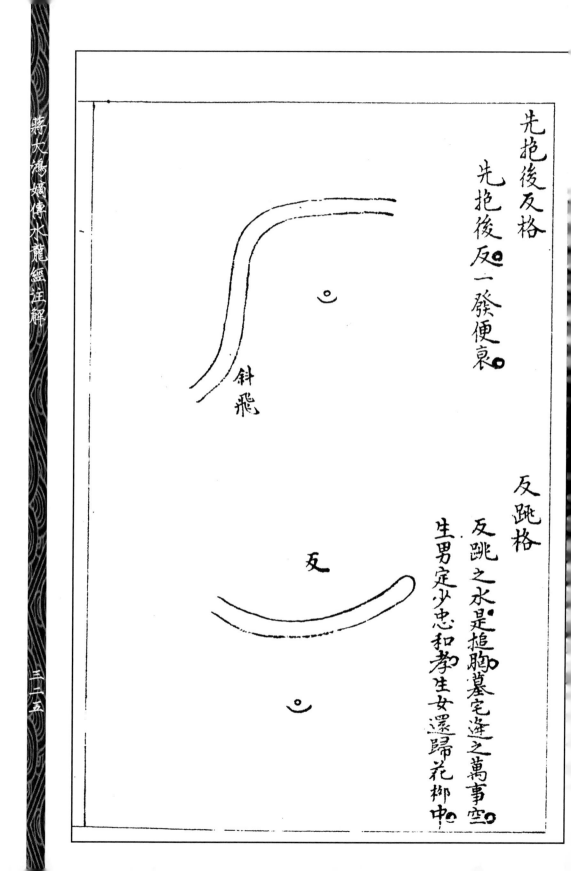

先抱後反格

先抱後反一發便衰

斜飛

反跳格

反

反跳之水是搥胸墓宅逢之萬事空

生男定少忠和孝生女還歸花柳中

翻弓格

反

水若似翻弓扦之必定凶

出人多拗性悖逆亂家風

捲舌格

飛

宅

水如捲舌最堪悲退敗人丁摁不窗

瘡癆之人端的有時常搬喋是和非

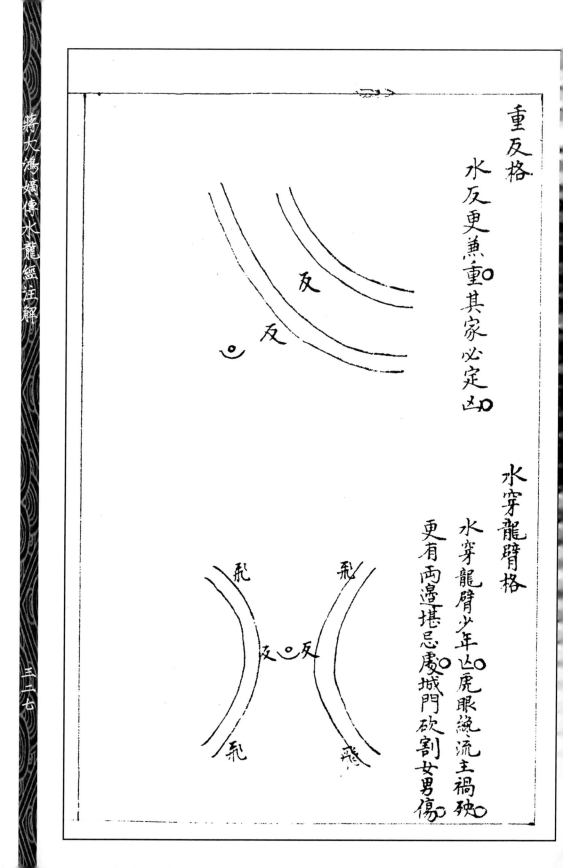

重反格

水反更兼重其家必定凶

水穿龍臂格

水穿龍臂少年凶鼠眼總流主禍殃

更有兩邊堪忌慶城門砍割女男傷

斜飛格

水城斜走去如飛兒孫主竄移

家業凋零難保守人丁漸漸稀

斜

斜飛格

白虎一去反無情離鄉徒配人

斜

火星

宅

分飛格

頭斜腳反兩邊來此歸扛尸家可哀

客死瘟瘟並刑獄更兼婦女性多歪

斜飛

飛反斜

反斜飛

斜飛

青龍白虎兩分張徒流退敗絕離鄉

龍反

飛反

直冲漏氣格

左邊有水直冲來風吹散人財　右邊通風水直冲災禍立逢凶

蔣公云此雖金土城為左右木星冲破故凶

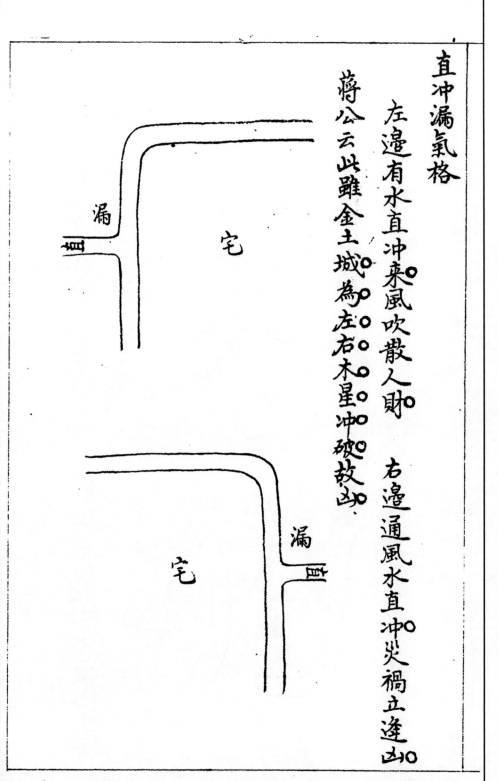

漏

宅

宅

漏

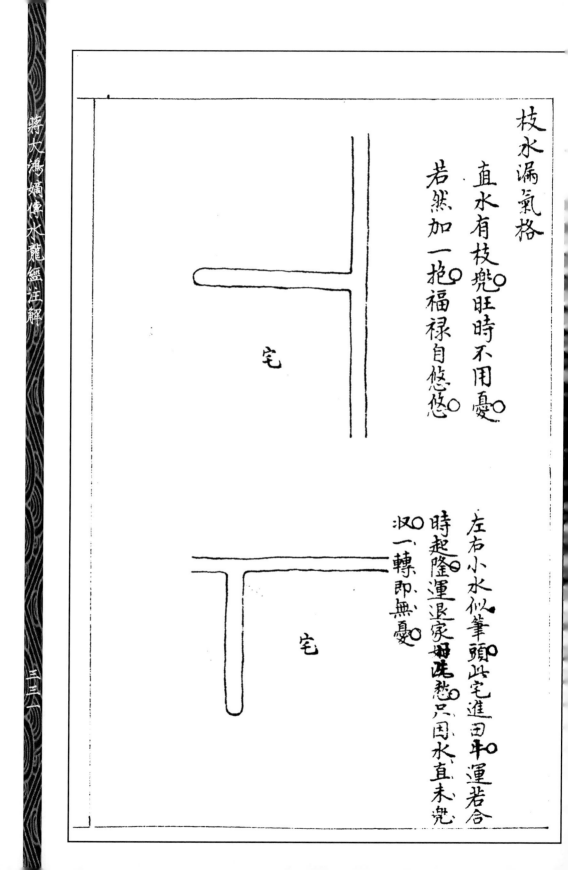

枝水漏氣格

直水有枝兌旺時不用憂〇
若然加一抱福祿自悠悠〇

左右小水似筆頭此宅進田卅運若合
時起隆運退家毋泥愁只因水直未兌
汉一轉即無憂〇

宅

宅

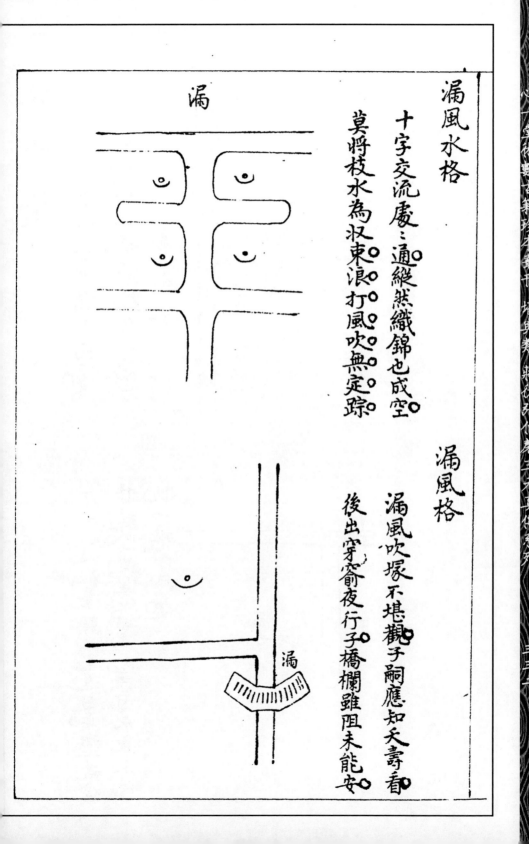

漏風水格

十字交流處處通　縱然織錦也成空

莫將枝水為汊凍　浪打風吹無定踪

漏風格

漏風吹塚不堪觀　子嗣應知夭壽看

後出穿窬夜行子　橋欄雖阻未能安

交流水格

屋邊二口水通風。

子孫終是受貧窮。

宅

漏

直

乾風吹塚子孫絕嗣、

巽風吹塚子孫夭亡、

蔣公云此穴主元運衰替而言若在

旺元也要通風走。四。乾是也。

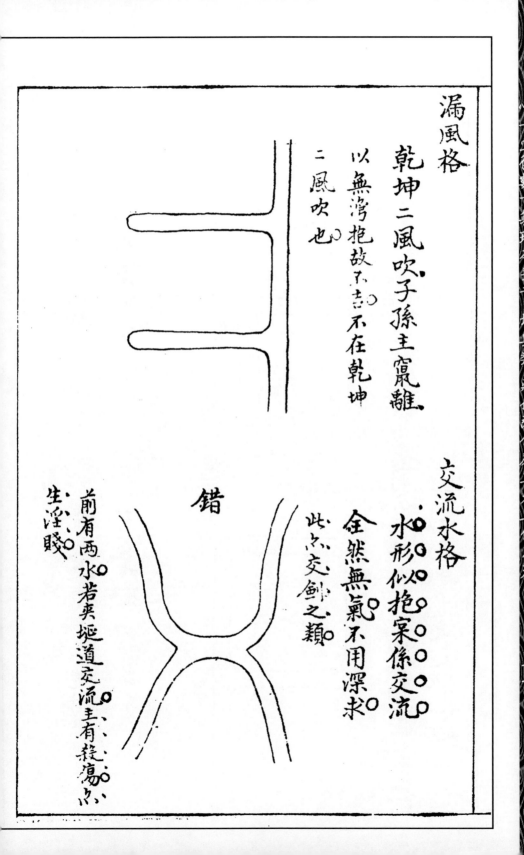

漏風格

乾坤二風吹子孫主竄離

以無灣抱故不吉不在乾坤

二風吹也

交流水格

水形似抱案係交流

全然無氣不用深求

此只交劍之類

錯

前有兩水若夾堰道交流主有殺傷必

生淫賤

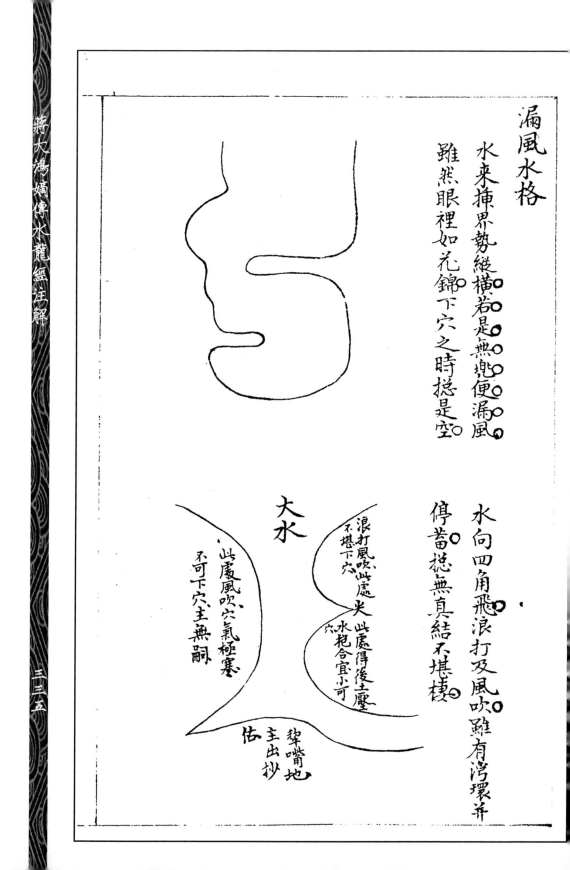

漏風水格

水來揷界勢縱橫若是無兜便漏風○○○○○○○

雖然眼裡如花錦下穴之時摠是空○

水向四角飛浪打及風吹○雖有灣環莽○

停蓄摠無真結不堪棲

大水

浪打風吹此處尖此處得後主廛
不堪下穴水抱合宜小可

此處風吹穴氣極塞
不可下穴主無嗣

犁嘴地
主出抄
俅

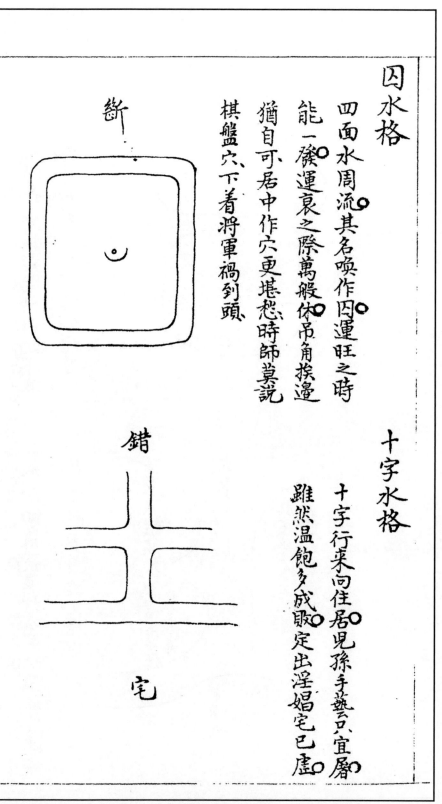

囚水格

四面水周流其名喚作囚運旺之時
能一發運衰之際萬般休吊角挨邊
猶自可居中作穴更堪愁時師莫說
棋盤穴下着將軍禍到頭

斷

十字水格

十字行来同住居兒孫手藝只宜屠
雖然温飽多成敗定出淫娼宅已虛

錯

宅

十字水格

此地不宜久居。久居日漸消磨

宅後青龍十字河。風衝鬼病廢。

錯

宅

錯

宅

廿字水格

十字之水君莫看〇廿字井字揔一般〇若然市井猶堪佳〇獨自一家系不

可安主淫亂病患破財

井字水格

錯

錯

四水相朝格

迫乀四水入明堂直射不相當○

若還屈曲水廻顧財穀應無數○

漏直

箭射格

箭水射當心飛來大禍侵○

直

火射宅

柱矢格

穿心之水又斜行上應天文

柱矢星刀箭加身死兵賦更

薰自縊及官刑

尖射格

青龍之水如鎗來若射身旁定

有災

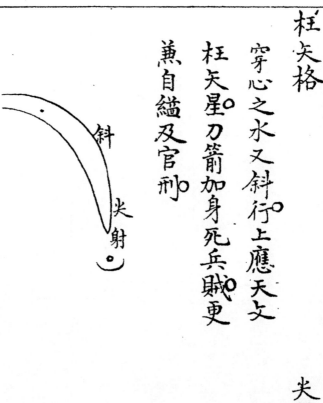

刀鎗格

水勢似刀鎗殺人不可當

子孫多刦盜騎驢到法場

尖斜射

鎗形格

面前之水若尖鎗此地見凶殃

尖斜射

墓宅同凶

尖射格

尖斜直射

掃割水格

斜 直 直 斜

尖射。

兩畔掃割瘟火刑煞

家業如湯人口死絕

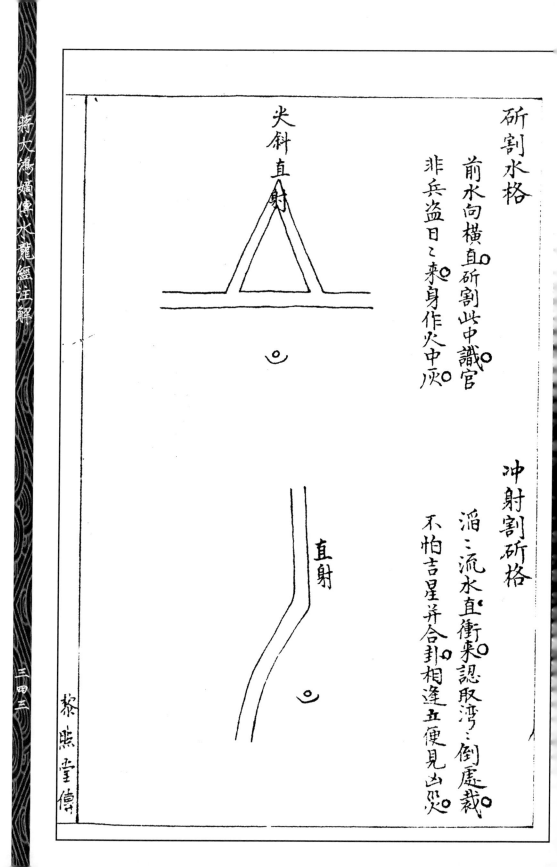

砑割水格

前水向横直砑割此中識官

非兵盗日之來身作火中灰

火斜直射

冲射割砑格

滔〻流水直衝來認取取灣〻倒處裁

不怕吉星幷合卦相逢五便見凶災

直射

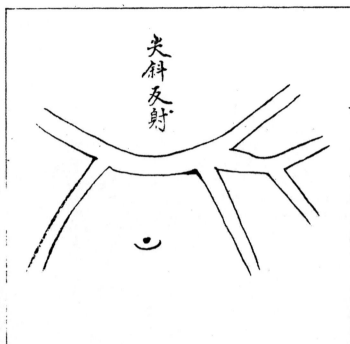

研割水格

刀劔攢坟研割形山坟一塋主伶仃〇

男女死亡無救恥投河自縊職軍刑〇

尖斜反射

交劍水格

四劍水流名割研山地如刀斬〇

兩邊撞射入明堂柱死少年郎〇

錯

家秘本

聚水射格

斜直射

射

穴前水射是傷心疊箭交加害更深惡煞凶神群聚處神仙當此也難禁

水破明堂格

水破明堂家長難當若不急揚疾病死亡

蕉窗堂傳

明堂開口格

此水入明堂開張去直長⊙

路ゝ皆夾射刑獄并瘟瘴

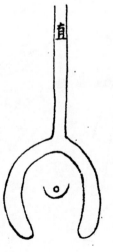

去水流泥格

壙圖是𣲖水不是去水賦直長之水不論去來ゝ皆出也

流泥穴裡主離鄉只為坟前去水長⊙

說與時師高着眼不須憑此誤賢良⊙

土牛回拽格

面前水直去雖吉亦不濟、

牽動土牛格、

即去水流況格縱有外邊繞抱

亦主離鄉退財

直射

龍

飛

直射

藜照堂傳

之玄水格

水來屈曲如之玄土牛不動

穴可抒葬後其家大發福子

孫富貴出天然〇

此原說是來蕭圓何以說去

歸厚錄云方葬其耳圓葈其口〇

又云見首反醜求腹取裁

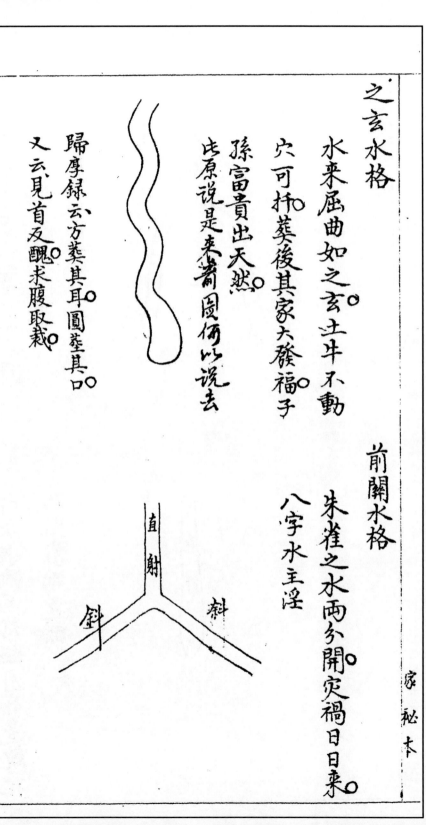

前關水格

朱雀之水兩分開災禍日日來〇

八字水主淫

直射

斜

斜

家秘本

朱雀破頭格

主人口不寧財源虛耗

射墓宅同凶

墓宅同凶

後關水反丁格

丁水損人丁後射不安寧

偏側猶為可中冲宅母驚

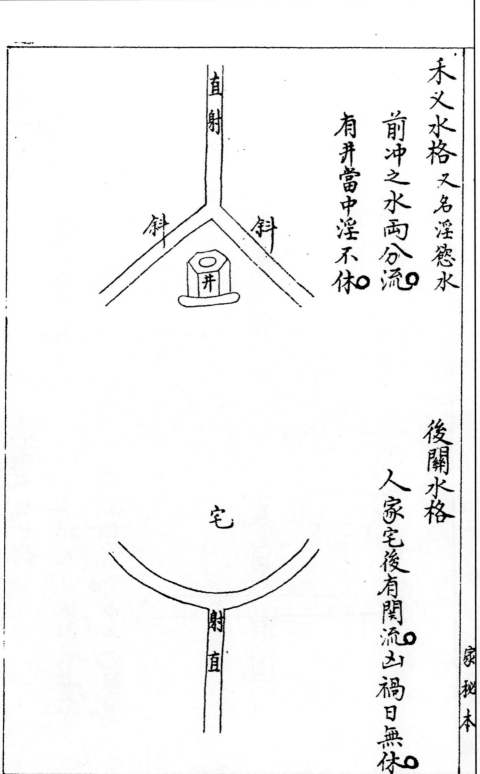

禾乂水格 又名淫慾水

前沖之水兩分流○

有井當中淫不休○

直射

斜　　斜

井

後關水格

人家宅後有關流凶禍日無休○

宅

射直

家秘本

玄武吐舌格

玄武之水若冲来。其家宅母

常撃衰。更薫小口多刑尅破。

犯官非定損財。

宅

直射

關水格

一直水冲来。砂尖両辟開。

此名關水格墓宅有凶災。

直斜紫溏

凡水相激觸者主子孫相格戦鬪而死又

出拳攣跛躋之人。

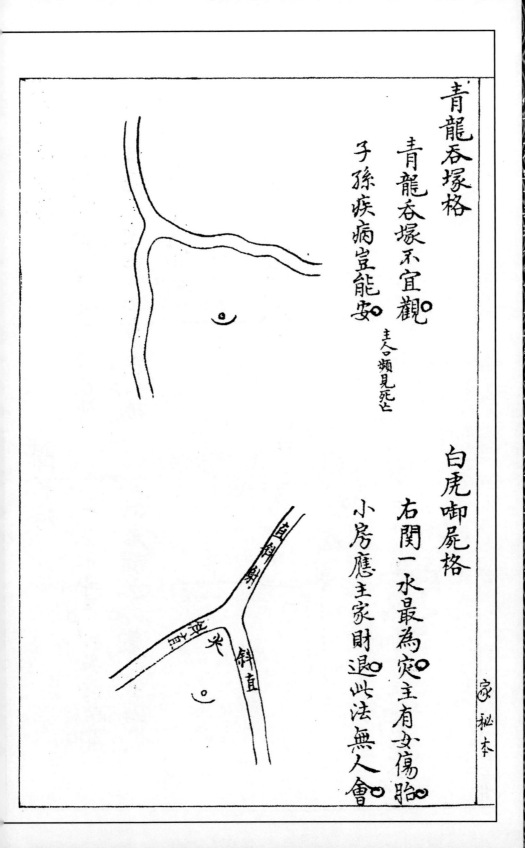

青龍吞塚格

青龍吞塚不宜觀。

子孫疾病豈能安。

主令頻見死亡

白虎啣屍格

右關一水最為凶。主有女傷胎。

小房應主家財退。此法無人會。

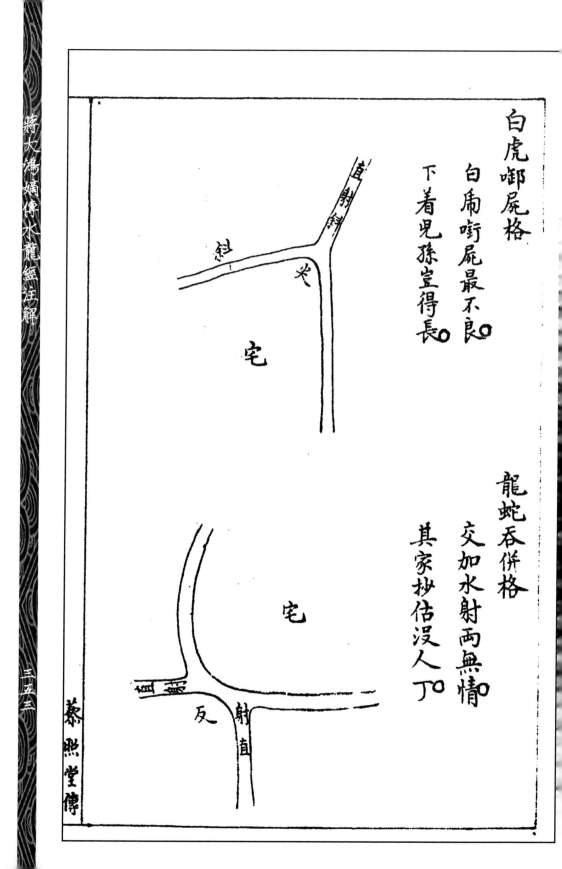

白虎啣屍格

白虎啣屍最不良

下着兒孫豈得長

龍蛇吞併格

交加水射兩無情

其家抄估沒人丁

直射斜

斜

尖

宅

宅

無益

反

射直

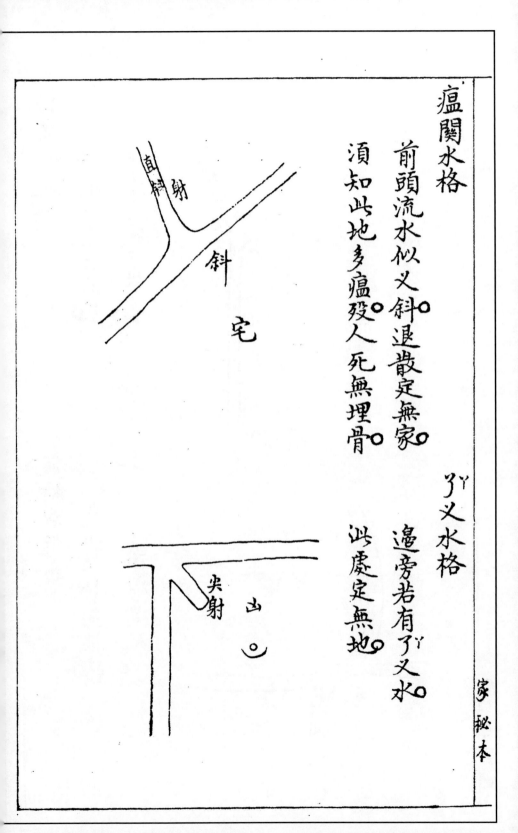

瘟關水格

前頭流水似乂斜　退散定無家

須知此地多瘟殁　人死無埋骨

斜宅

直斜射

丫乂水格

邊旁若有丫乂水

此處定無地

尖射

山

執笏格

門前有水如執笏○為官從此出○
龍體有回環方許紫衣還○

宅

按劍格

門前一兜如按劍○武職及巡檢

宅

刀鎗水格

右邊河水似刀鎗。

兒孫主殺傷。

破碎
尖射
宅

蔣公云此皆火星為害。

破碎水格

破缺見火星。墓宅有憂驚。

縱然龍脉遠。只主禍來侵。

尖破
宅

破碎水格

河岸多崩破家中起災禍喚作金鵞帶箭形縱狀遠抱有凶刑

兩岸河畔多破缺官事無休歇

蔣公云二式皆繞抱求形破碎故不吉。

破碎

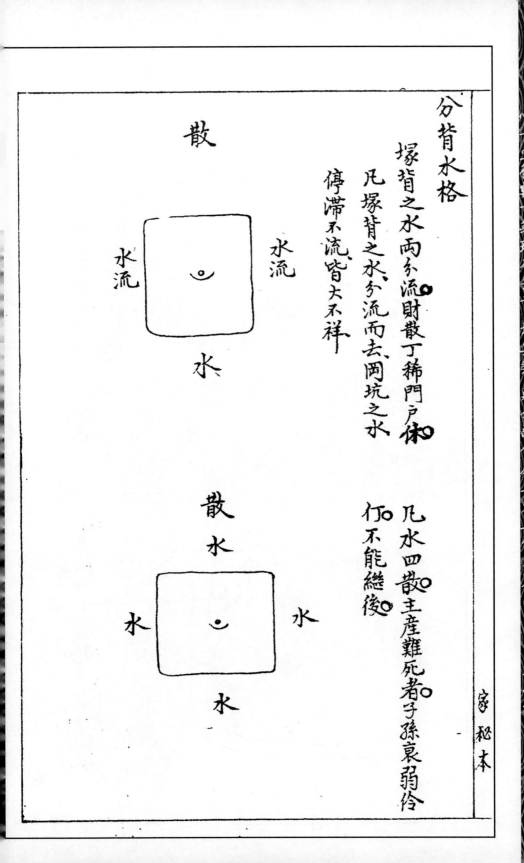

分背水格

塚背之水兩分流，財散丁稀門戶休

凡塚背之水，分流而去，岡坑之水

停滯不流，皆大不祥

散

水流　　　　水流

水

凡水四散，主產難死者，子孫衰弱伶

仃不能繼後

散　水

水　　　　　水

水

沮洳水格

沮洳之水半濕半乾積垢生蓊泥泥

漫漫如蝦蟇背如牛鼻汗非水非陸

扦之生患子孫風狂形神不莊水蠱

腫脚惡疾羸尩

乱碎

亂水格

水如敗絮衆似亂麻

扦之必禍狂亂淫邪

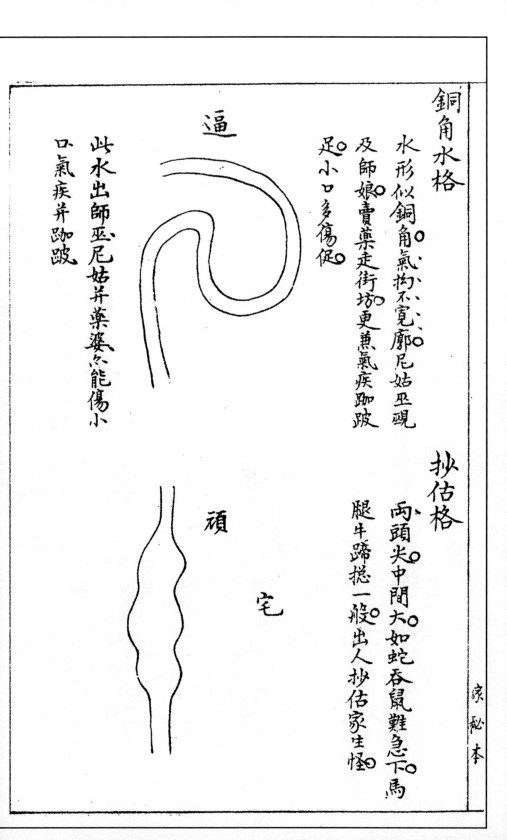

銅角水格

水形似銅角○氣拘不寬○廓尼姑巫覡
及師娘賣藥走街坊更薰氣疾跛踋
足小口多傷促○

抄估格

兩頭尖中間大○如蛇吞鼠難急下○馬
腿牛蹄捻一般出人抄估家生怪○

逼

宅

頑

此水出師巫尼姑并藥婆不能傷小
口氣疾并跛踋

家秘本

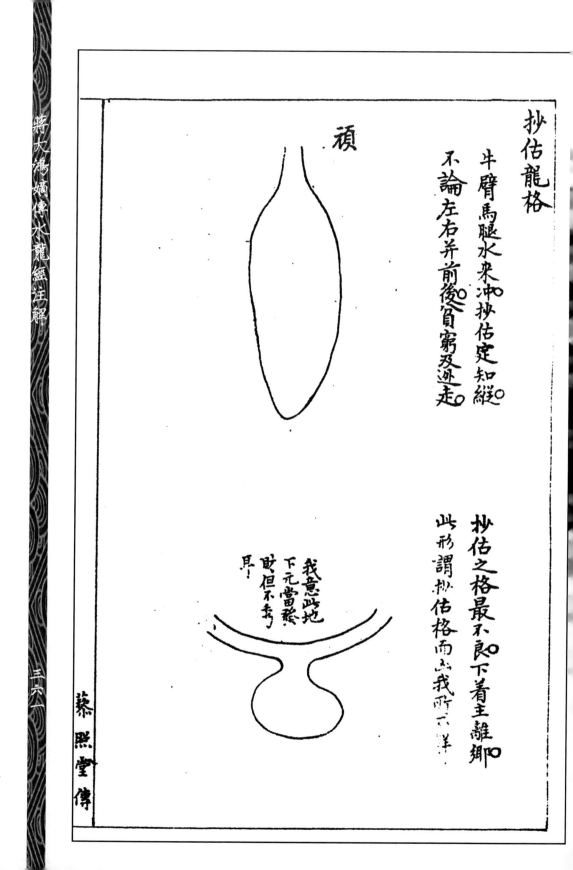

抄估龍格

牛臂馬腿水來沖抄估定知繼。

不論左右并前後貧窮及迯走。

頑

抄估之格最不良。下着主離鄉。

此形謂抄估格而出我所云羊。

我意此地下元當發但不秀耳。

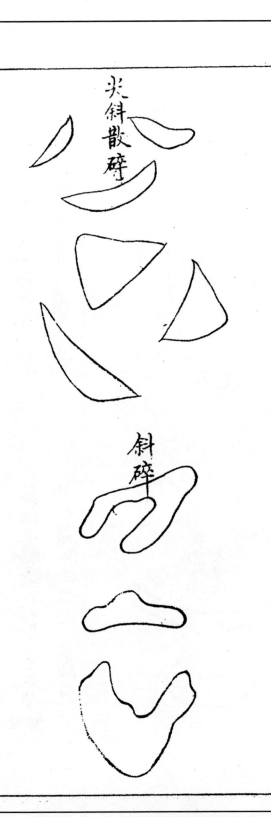

掃帚水格 砂形同山

掃帚之地如走棋○或是三角或分飛○

此為徒配君休下貧窮困苦主逃移○

淫慾地格 水形同山

淫慾之地似鴨頭鴨頭之地不知羞○

面前或似撒裙樣女兒媳婦上秦樓

水龍中水法之不善者曰火曰直曰飛曰反曰斜曰射曰散
曰漏曰逼曰錯曰碎曰鬥曰斷曰頑此十四者無論合元與
否皆謂之凶似與洛書無涉要之逼非居中之象飛射斜反
尖直非環拱之形頑非宰化之機散錯非隅正分明之義四
鬥非對待參差之數碎漏非縱橫十五均勻齊整之規其理
亦不外於洛書也

藜照堂傳